子どもたちの階級闘争

ブロークン・ブリテンの無料託児所から

Mikako Brady
ブレイディみかこ

みすず書房

目次

II　底辺託児所時代　2008-2010 …… 185

装訂　間村俊一

はじめに
——保育士とポリティクス

わたしは保育士である。

で、これはたとえ話だが、ある保育士の落ち度で、いや、こう言ったほうがいい。保育園経営者の明らかなる怠慢や失態や、またはこの経営者が実は児童虐待者で幼児が血を流す姿を見て性的興奮をおぼえる、あるいはその姿をこっそり撮影してその筋の方々に売りさばいて金儲けするなどの腹黒い人間であり、そんな経営者がわざと子どもが怪我をする状況を準備していたため、血まみれになった幼児たちが園の庭に倒れているとする。

それを見た保育士はまずどうするだろう。

激怒してオフィスに殴り込み、「こうなったのは非人道的な貴様のせいだ」「貴様などに保育園を経営する資格はない」「やめろ、死ね」と経営者に食ってかかるだろうか。

んなわけはない。

A picture of
Mikako
love
Jacob x

保育士はまず血まみれで倒れている子どもたちに応急処置を施し、必要であれば救急車を呼び、どうも危険な細工が施してあるらしい庭から子どもたち全員を避難させ、血を見て泣いている子どもがいれば彼らを自分の胸に抱きしめて落ち着かせるだろう。

経営者への非難はそれからである。


わたしは保育士である。

で、ここからはたとえ話ではないが、わたしは本業とは別に物書きの仕事もやっており、何の因果か政治時評みたいなものまで書くようになったが、なにしろ本業が思いっきりミクロな仕事である。そのせいか、いわゆるマクロな視線でスマートに俯瞰することができない。だからあまりにも他人行儀であり、神様が雲の上から書いたような記事を読むと、「ええー、そうかいな」といちいち違和感を覚えがちであり、心安らかに新聞も読めなくて困る。


とはいえ、なかには例外もあって、たとえば数年前のことだった。『ニュー・ステーツマン』誌*に、白人のムスリム女性がオックスフォード・ユニオンで行ったスピーチの全文が掲載されていた。「フェミニズムは白人のミドルクラスの女性にハイジャックされている」というセンセーショナルな文句が見出し。通勤バスの中で読むには適さないクソ難しそうな文章だなと思いながら、つい読んでしまった。

「フェミニストの問題を論じるには、ジェンダーだけではなく、人種と階級の問題が切り離せない」と書かれていた。「聞こえない声というのは存在しない。それはただ、わざと聞いていないか、聞きたくないということだ。フェミニストたちはオルタナティヴな声を自分たちのムーヴメントに加えることに抵抗する」

オルタナティヴな声とは、「進歩的」で意識が高い西洋風の肩パッドの入ったフェミニズムとは異なる、「進歩的」の括《くく》りには一般的に入らないと思われている女性たちの声のことだ。

「フェミニズムが白人女性にハイジャックされているというのは、すべての分野で白人文化のナラティヴ〔語り〕が支配していて、オルタナティヴな声は、西側が優れているという彼らにとっての不変の真実を肯定するためのちょっと古風な意見として使われていないかということだ。（中略）ムスリムのフェミニストとして、私は自分の宗教の中に男女同権のストラグル〔苦闘〕があることを知っている。だが、ジェンダーの不平等の問題は宗教だけに起因させておけば済む問題ではない。そこには貧困と家父長制度がある」

「私が共感するフェミニズムは、帝国主義や搾取や戦争や家父長制に抵抗する女性たちのフェミニズムだ。レイプ文化と戦うインドの女性たちや、イスラエルの占領に抵抗するパレスチナの女性たちや、西側のフェミニストたちが着ている洋服の縫製工場で安全な職場環境を求めて戦っているベンガルの女性たちだ」

おお。このフェミニズムならわたしにもわかるぞ。と思った。英国内でだって貧民街の女たちのストラグルは、高学歴のインテリ女性たちのフェミニズムにとってのオルタナティヴな声だ。それはな

＊出典　Myriam Francois-Cerrah "Feminism has been hijacked by white middle-class women," *New Statesman*, 2015.2.13.http://www.newstatesman.com/politics/2015/02/feminism-has-been-hijacked-white-middle-class-women

んか「ちょっと遅れているもの」として無視されたり、あまりお近づきにはなりたくないものとして眉さえひそめられる（顔に痣を作った若い労働者階級の娘を見た時のインテリ女性たちの反応がその典型だ）。「二〇〇人のナイジェリアの女子学生たちがボコハラムに拉致された時もそうだ。少女たちを見つけることに重点を置くのではなく、その話は継続中のテロに対するグローバルな戦いを正当化するために使われた」と同記事には書かれていた。「そうした話」は対テロを正当化するだけでなく、こんな泥沼を作った政治を批判する材料にも使われるのだが、なぜか犠牲になっている女たちは二の次になる。それはイラクやシリアでも同じだ。戦争時や貧困階級では女という性が犠牲になることは誰もが知っている。で、それは戦争や貧困を作りだした政党や政治家や首相や大統領や国連や陰謀家や大企業などが悪いからだ。だから人々は人差し指を挙げてそれらを批判し、罵倒し、誤りを指摘する。

でも、血まみれで倒れている女たちは放っといていいんだろうか？

どうやら保育士という仕事をしている人間は、あまり政治を考えるのは向いてないらしい。

I

緊縮託児所時代

2015.3 – 2016.10

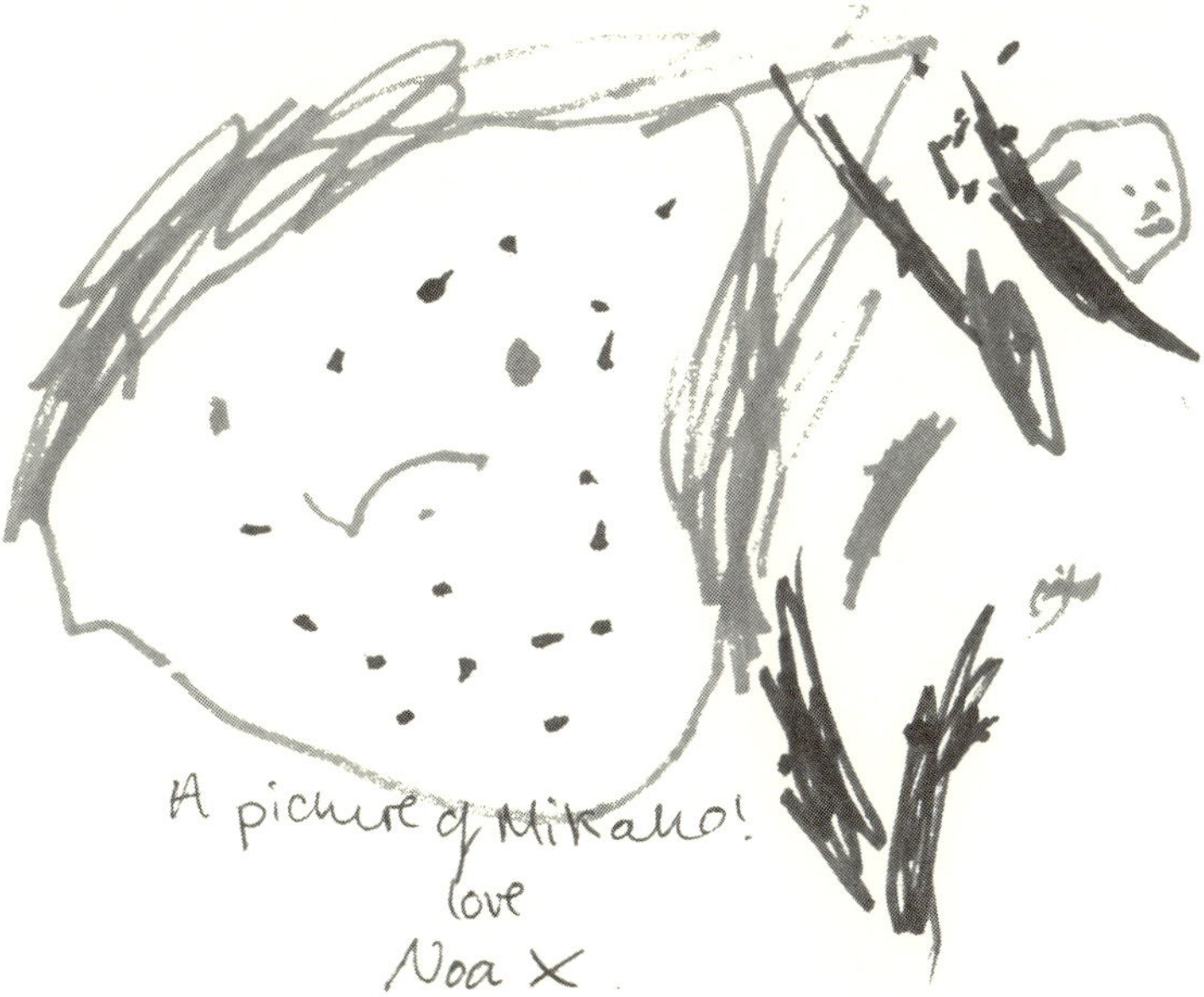
A picture of Mikako!
love
Noa x

リッチとプアの分離保育

2015.3

「当センターは、平均収入、失業率、疾病率が全国最悪の水準一パーセントに該当する地区にあります。私たちは地域のファミリーの緊急のニーズに応え、彼らの状況をともに改善してきました。当センターは完全にヴォランティアによって運営される慈善団体であり、昨年一年間で二五〇〇人の失業者やホームレスの人々をサポートしました。私たちは緊急の状況にある家庭や、失業者、低所得者の子どもたちを無料で預かる付設託児所を運営しています。彼らの親がそうであるように、彼らもまた深刻かつ多様なニーズを抱えています。そんな子どもたちと一緒にあなたも働いてみませんか」

七年前、この文章を読んでわたしは底辺託児所で働き始めたのだった。もちろん当該託児所は「底辺」などという名前ではなく、わたしが勝手にそう呼んでいるだけである。当該センターは自ら「英国最低水準一パーセントに該当するエリアの施設」と宣言しているし、ならばそこで働きながら保育士になったわたしも「底辺保育士」だ。

前述は「ブライトン保育施設ヴォランティア募集要項一覧」からの抜粋だ。先日、部屋の掃除をしていたら出てきたのである。そこにはさまざまな保育施設がヴォランティア募集の広告を載せていたのに、いったいどうして上記の文章を掲載した底辺託児所に電話をかけてしまったのかは七年経ったいまでも謎である。どう考えても一番大変そうな感じではないか。だのに、何の因果かわたしはこの託児所で二年半ヴォランティアとして働き、その間に保育士の資格を取って、無償奉仕ではなく給料がもらえる（もはや底辺ではない）民間の保育園に就職した。それは、インスタントコーヒーを水筒に入れて持ち歩いていた人間が、スタバに入ってコーヒーが飲めるようになった程度の出世でもあったのだ。

が、この就職先の保育園が、今春で潰れた。

潰れた理由は、昨年ある同僚が逮捕されたからである。逮捕理由は「幼児虐待容疑」であったから、風評被害というやつで園児数が激減し、ついに存続不可能になったのだ。

そもそも同僚が逮捕された原因も風評被害のようなものであった。英国には「チャヴ」という言葉がある。この言葉が意味するところは、公営住宅地にたむろっているガラの悪い若者たちのことであり、好んでフード付きのパーカーやジャージを身に着けることで知られ、ドラッグ、ナイフ犯罪、強盗、一〇代の妊娠などの英国社会の荒廃を象徴する言葉と結び付けられてきた層である。二〇一一年のロンドン暴動も一部では「チャヴ暴動」と呼ばれたものだった。

逮捕された同僚もチャヴあがりの若い娘だった。チャヴっぽさというのは、化粧法や髪型などでどうしても匂ってしまうものだが、英国の場合、それ以上に出自をさらけ出してしまうのが英語の発音である。英国人はどの地域に生まれ育とうとも、私立校で教育を受けたミドルクラスやアッパークラスの人々は、BBCのアナウンサーのように明瞭な英語を話す。が、労働者階級になるとこれが地域色豊かなアクセントになって、下層に行けば行くほど各単語の最後の音をいい加減に発音するようになり、しかも早口で喋るので慣れないうちは何を言っているかわからない。たとえば、わたしがロンドンの日系企業に勤めていた頃、一五年も英国勤務してきた駐在員が「俺は銀行の本社で幹部たちと会議するときは英語に苦労しないが、街中の支店の窓口に座っている銀行員が何を言っているかいまだにわからない」と言っていたが、英国人にはどうしたって口を開けば階級がわかるという悲しい性《さが》がある。

で、わたしの同僚もやはり下層英語を喋る娘だった。ミドルクラスの家庭の子どもたちが多く通う保育園なので、本人はできるだけゆっくり喋るようにしたり、難しげな単語を使うように努力していたが、医師や弁護士といった高学歴のお母さんたちからは緩やかに、だが完全に無視されていた。夕方、お迎えに来たお母さんたちに「〇〇ちゃん、今日はランチを全部食べましたよ」みたいなことを話しかけても、お母さんたちは微笑して彼女を一瞥するだけで、もっと育ちのよい英語を喋る保育士に話しかけるのである。

だが、こうしたお母さんたちはわたしには優しかった。保育園で唯一の外国人保育士だからである。ブライトンでも特に同性愛者の居住者が多く、リベラルでヒップで進歩的と言われている地域の保育園のことである。こんなところに子どもを預けている「意識の高い」お母さんたちには、外国人差別などというポリティカル・コレクトネス（ＰＣ）に反することはできない。であれば、どうして自分より恵まれない環境で育った人のことはあからさまに差別できるのだろう。それは「外国人を差別するのはPCに反するが、チャヴは差別しても自国民なのでレイシズムではない」と信じているからだ。これがソーシャル・レイシズムというものの根幹にある。

ところで、保育士という仕事には怖い一面がある。部屋の隅々まで映り、音声も録音できるCCTVが全室完備でもされていない限り、身に覚えのない容疑をかけられても、身の潔白を証明できる証拠がないからである。そもそも、幼児というものは転んだり落ちたりぶつかったりしながら空間認識を学んでいくものだが、他人に子どもを預ける親はどうしても子どもの傷や痣に神経質になる。だからこそ登園時間には保育士がつぶさに園児を観察し、もし傷や痣があったら保護者にそれを指摘して理由を聞き、所定のフォームに記入する。園で怪我をしたときも同様で、体のどの部分に、約何センチまたは何ミリのどういう色の傷ができたということを図解で記入し、傷ができた理由を詳細に書き、お迎えの時間に保護者に見せて説明する。

が、忙しい登園時間に子どもたちを完璧に確認するのは至難の業で、しかも全員素っ裸にして観察するわけではないので、衣服で隠れている部分は見えない。また、保育中の怪我も同様である。幼児が二〇人遊んでいる部屋では、失禁する子、嘔吐する子なども出てくるので、そういうことの始末をしているときに背後で誰かがこけてテーブルの角で頭を打ったとしても、正直、こちらは見ていない。また、二歳や三歳ぐらいの子だと、何が起きたのか言葉できちんと説明できないので、「お尻と頭がテーブルの下でジャンプ。床がお腹を引っ張って窓に落ちた。そこで〇〇ちゃんが叩いた」などという謎めいたことを言う園児が少なくなく、そこで言及されている〇〇ちゃんはそもそも今日はお休みで園にいないということもある。

ところが、幼児がこういうことを保護者に話すと、保護者の頭の中には、テーブルの下で跳んだお尻や床に引かれたお腹のことより、〇〇ちゃんの名が鮮明に残る。それと同じことがわたしの同僚にも起きた。園児たちが、「この傷はどうしたの?」「どうして痣ができているの?」と家で質問されるたびに、謎めいたことを喋りながら彼女の名を言うようになったのである。そもそも、幼児が頻繁に誰かの名前を口にする場合、それは彼らにとってその人物の印象が強いからだ。それは「怖い」とか「嫌だ」とかいうネガティヴな感情の場合もあるが、逆に「親しみやすい」「目立つ」という場合もある。くだんの同僚はテキパキした働き者だったので、誰かが転んで泣いていると一番に飛んでいって傷の手当やフォームの記入をするタイプだったから、子どもたちが彼女の名を連発していたのは当然だ。

が、保護者たちにとり、わたしの同僚の名は社会の敵である「チャヴ」を象徴していた。「やっぱりあの娘!」ということになり(またそういうリアクションを見せると、親が喜ぶと思って子どもはいつも同じ名を口にするようになる)、幼児たちの謎めいた言葉はグロテスクなほど一方的に解釈され、リベラルでインテリジェントなお母さんたちから連日のようにクレームが入るようになり、そのうち彼女たちはオフィスに乗り込んできた。オフィスの隣はトイレという構造上の事情もあり、漏れ聞こえてきた会話の中には実際に起きたことの一〇倍ぐらいに膨らんでいる話もあって、それはもはやチャヴ保育士排斥運動の様相を呈していた。排外ならぬ排チャヴである。

勤務先はCCTVを完備していないので、幼児虐待を示す物的証拠もなければ、それを否定する証拠もなかった。「子どもたちが怪我をしたというフォームの七割方を書いているのは彼女。偶然にしてもおかしい」と経営者側は勘ぐったが、「それは彼女が一番気がつくスタッフだからで、面倒くさい仕事を進んでやる子だからです」と同僚はみな彼女をかばった。それは真実だったからである。だから彼女は特に処分されることもなくそれまで通り仕事を続け、お母さんたちは相変わらず彼女をそこに存在しないもののように無視していた。

が、ある朝、彼女が泣きながら「自宅待機になった」と言ってロッカーのものをまとめ始めたのである。「なんで?」と聞いても、保育士は幼児保護に関わる事柄には法定の守秘義務があるので喋れない。その翌日には警察が職場にやってきた。彼女がいきなり逮捕されたというのである。

小さな街のことなので、この逮捕劇はローカル紙にも掲載された。そこに記されていた容疑は「いやいやいや、だからそれはものすごく話が膨らんだデマだって」という内容だったが、実際に逮捕されたとなると同僚の中にも「いや、彼女には自分たちの知らないもう一つの顔があったのではないか」と言い出す人も出てきた。

が、彼女はその後、裁判で無罪判決を受けているので、結局、彼女の容疑というやつは保護者たちによるデマに毛が生えた程度のものだったのかと思うと大いなる公安不信にも陥るが、この一件でわたしが思い出すのは、路上で強盗や殺傷事件があると近くにいた黒人が全員とりあえず逮捕されていたという時代の英国だ。保育園で不審な怪我をした幼児がいたらとりあえずチャヴを逮捕しろ、というのも人種差別と何ら変わりないではないか。

が、しかしこうした保育現場におけるソーシャル・レイシズムは、大人を対象としたものだけではない。英国では前の労働党政権が三歳児からの保育費用を週一五時間まで無料にした。そして国内で最も平均収入が低く、失業率が高く、疾病率も高い地域に限って、二歳児から当該制度を国の一部で試験導入し、二〇一三年からは全国的に導入されている。ところが、こうした二歳児を受け入れる保育施設が全国的に不足している。というのも、ミドルクラスの家庭の子どもたちと貧しい子どもたちを同じ施設内で保育することを恐れる保育園側が、下層幼児たちの受け入れを拒否しているというのだ。

『ガーディアン』紙によれば、イングランドに存在する保育施設二万五千五四七か所のうち、保育費補助認定を受けた二歳児を受け入れている施設はわずか一万三千六八五か所。ロンドン市内では、保育費補助認定二歳児の四五パーセントが受け入れ先を見つけられない状態だという。シンクタンクのレポートには「保育サービス提供者の一部は、『保護者たちの中には恵まれない家庭の子どもたちを自分の子どもが通う保育施設に受け入れることに難色を示す人々がいる』と感じており、保育費補助認定地域に住む幼児は自分たちの保育施設に馴染めないだろうと思っている」と書かれてある。

保育園の費用は施設によってさまざまだが、たとえば二歳児をフルタイムで預けた場合、わたしの勤務先では一か月で約八〇〇ポンド（約一四万円）になる。これはブライトンでは平均的な金額であるから、この費用（二人預けている家庭も結構ある）を払って共働きできるのはそれなりの収入がある層だ。だから英国の保育園は「ミドルクラス家庭の御用達施設」と呼ばれるのである。そこに下層幼児が侵入してくるとなれば、保護者の反応は容易に想像がつく。なにしろ子どもたちが一緒に遊べば、玩具を取り合って喧嘩したり、互いの体を傷つけたりすることだってある。毎日がクレームの嵐になり、ミドルクラスの保護者と貧困層の保護者の間で階級戦争が勃発するかもしれない。下手すれば保育園はミドルクラスの園児たちを失ってわたしの勤務先のように潰れてしまう可能性だってあるのだ。

こうして幼児教育現場の階級分離が進んでいく。アパルトヘイトというのは、あれはなくなったわけではなかったのだ。人種ではなく階級を分離基準として、ユナイテッドなはずのキングダムにはいまでも存在している。

では、こうしたソーシャル・アパルトヘイトが定着している社会では、生活保護受給中のシングルマザーや、家賃が払えなくなってホームレスになった人や、アルコールやドラッグへの依存症から回復中の人の子どもを預かる施設は皆無なのだろうか。ということになると、しかしそこがこの国もまんざら捨てたものではないところで、本文冒頭でわたしが言及したような慈善団体が存在し、底辺層の子どもたちを無料で預かっている。ガンガン預かっている。はずだったのだ、少なくとも五年前までは。

久々に行った底辺託児所には諸行無常のからっ風が吹いていた。

現保守党政権が進めている緊縮政策の煽りである。保守党が財政赤字削減のために大幅にカットしたのは、下層の人々を引き上げるための制度や施設への投資だった。かくして公的資金援助を断たれた当該センターは、地域の人々のために行われていたさまざまなコースを運営できなくなり、一ポンドで提供していたランチも週の半分しか出せなくなり、付設託児所も週三日、しかも午前中のみしか運営できない状況になっていた。

棚のボックスに収められた玩具や本棚の本を見ていると暗澹《あんたん》とした気分になった。四年前とまったく同じものを使っているからだ。どれもこれも色褪せて、折れ曲がり、薄汚れて変形している。家にあまり玩具を持っていない子どもたちが、ここに来ると目を輝かせてたくさんの新品の玩具で遊んでいたではないか。あの頃は三か月毎に新しい玩具や本を買い足し、寄付の物品だって倉庫に収められないぐらいもらった。そういう時代だったのだ。底辺に立つと、政治がどれだけ社会を変えるかということがよくわかる。

「こりゃ底辺託児所っていうより、緊縮託児所だね」

と言うと、いまでは当該託児所の副責任者になっている友人が笑った。

「もう風前の灯」

「うっわー、ミニカーもこんなに少なくなって。この本、破れすぎてもはやセロテープのブックカバーができてるじゃん」

「昔とは違うもん」

「まずこれ、玩具を何とかしないとね」

「でも資金がない」

「ちょっと近所のお母さんたちとか、寄付を募ってみるよ。あと、リッチなエリアから拾ってくるとかいいかもね。けっこういいもん捨ててあるしね、道端に」

と言ってはみるが、不安は募るばかりだ。

「ほんとに帰ってくるの？」

「うん。失業しちゃったし。人手が足りないんでしょ」

「そりゃそうなんだけど、でも」

「でも何?」

「……何も潰れた保育園から潰れかけた託児所に戻ってこなくとも」

わたしと友人は顔を見合わせて大笑いした。やけくそでやってるのかと思うぐらいかーんと晴れた青空が窓の外に広がっている。

こうしてわたしは底辺託児所、改め、緊縮託児所に戻ってきた。まったく何の因縁か、わたしの第二ラウンドが始まる。

パラレルワールド・ブルース

2015.5

英国の五月の総選挙でふたたび勝利した保守党が、二〇一〇年に政権を握って以来、政策の柱の一つにしてきたのが福祉制度の見直しだった。つまり、ブレアやブラウンの労働党政権時代には手厚く（わりと簡単に）給付されていた生活保護や失業保険を、保守党は積極的にカットしたのである。これは生活保護をもらっている人々のほうが最低保証賃金に近い金額で勤労している人々よりも収入が高いという問題や、子だくさんのシングルマザーが潤沢な生活保護と育児補助金で海外旅行をしたり、高価な整形手術を受けているというようなことがタブロイド紙でセンセーショナルに報道されて、生活保護受給者バッシングの風潮が高まっていたからだ。緊縮はけっしてポピュラーな政策ではないが、保守党政権は生活保護受給者の締めつけを派手に行うことによって支持率を維持しようとしたのだ。

この影響をモロに受けたのが底辺託児所に集まっていた人々だった。わたしがヴォランティアとして働いていた頃には、利用者は大まかに三つのタイプに分かれた。まず一つ目はアナキスト、戦う激左と呼ばれる人々である。彼らには高学歴で育ちのいい人も多く、自らの意志でミドルクラスから下層に降りてきたヒッピー系インテリゲンチャたちだった。彼らは勤労していないといっても日々ダラダラしているわけではなく、アナキスト団体や政治グループなどに所属し、ヴォランティア活動に熱中していることが多かった。そして二つ目はいわゆる公営住宅地のチャヴ系である。彼らの中には親子三代生活保護で生きているというような、ダイハードなアンダークラス民もいた。そして三つ目が、英国に来て日も浅い外国人だ。彼らの中には難民のステイタスだったり、言葉が喋れないので仕事が見つからないという人もいた。底辺託児所の母体である慈善センターが外国人のための無料英語講座を運営していたので、それを受けに来ている外国人の母親も多かった。

で、いまや閑散としている緊縮託児所からは、一番目と二番目のタイプが消えていた。友人によれば、みんな生活保護を打ち切られて社会復帰したのだという。三番目の外国人たちはいまでもかろうじて来ており、外国人のための英語講座だけはまだ政府から補助金が出るので無料で運営されている。PCスキルやアート、外国語等々、英国人が通っていたコースはすべて補助金カットで打ち切りになった。

しかしまあ、あれだけ長いあいだ勤労していなかった人々が、このご時世に全員仕事を見つけたとは思えない。と訝《いぶか》っていると、緊縮託児所に復帰して数日後には見覚えのある英国人の顔を見かけた。

食堂に現れた彼女の顔は驚くほど変貌していた。顔が蒼くむくみ、体全体も不健康に膨らんでいる。四〇歳前後の年齢だったと思うが、杖をつき、よろよろしながら食堂に入ってくる姿は七〇代の老女のようだ。

彼女は託児所に来ていたモーガンという少年の母親だった。アルコール依存症から回復中のシングルマザーで、彼女の家庭には地域のソーシャルワーカーが介入していた。一度彼女が寝ているときにモーガンが自宅でボヤ騒ぎを起こしたため、彼を福祉当局に取り上げられそうになったことがあったが、当時の責任者が毎日責任を持ってモーガンを託児所で預かると約束し、母親も慈善センターのキッチンでヴォランティアを始めたり、ＰＣスキルを学び始めたりして生活を前向きに改善したのだった。そうやってソーシャルワーカーが納得したところでモーガンは小学生になって託児所から去っていった。というのが五年前の話だった。

彼女の変わり果てた姿に絶句しているわたしに、託児所副責任者になっている友人が言う。

「ああそうか。知らなかったんだっけ」

「体こわしちゃったの？」

「お酒よ。死にそうになったこともあった」

「モーガンはどうしてる？」

「それが……、福祉に取られて、里親に預けられてる」

いつもジーンズとＴシャツを着たボーイッシュな美人だったモーガンの母親が、すっかり山姥《やまんば》のような姿に成り果て、口をもごもご動かして何ごとか独り言を言っている。

やはりアルコールがやめられなくて、ついに子どもを取られたか。と虚しい気分になっていると、友人が言った。

「断酒していたのに、モーガンを取られてからまたお酒に手を出すようになって、もう歯止めが利かなくなった。いまはシェルターで暮らしている」

「え、じゃあモーガン取られた理由は酒じゃなかったの？」

とわたしは聞いた。飲酒の問題さえなければ、人一倍教育熱心な母親だったと記憶している。

「モーガン、託児所でも暴力的になることがあったでしょ」

「でも、小学校に進む頃は収まってたよね」

「それが、学校で他の子どもたちへの暴力がすごかったみたい。椅子を投げたり、頭に噛みついたりして」

「……」

「あの子、高級住宅街にある学校に通ってたでしょう。学校がそういうの慣れてないもんだから、もう大騒ぎになっちゃって。またソーシャルワーカーが介入してきてね」

「でも、暴力的だからって子どもを取り上げるわけはないでしょう」

「彼女、いい学校に子どもを通わせるためにいろいろ無理してたみたいで。生活保護を減らされて慣れない仕事を掛け持ちしたり、子どもは学校で暴れるし、経済的にも、精神的にも疲れてたんでしょう。最終的には、自分からモーガンを手放すって言ったらしいよ」

「……」

託児所に来ていた母親たちの中でも彼女は異色だった。他のシングルマザーたちのように恋人を作るわけでもなく、歴代の恋人たちの子どもを産み続けるわけでもなく、モーガン一人を育てることに集中していた。託児所のすぐ近くに公立小学校があり、託児所を卒園した子どもたちはだいたいそこに入学するのだが、モーガンの母親は息子をそこに入れなかった。実はミドルクラスの家庭のお嬢さんだったという彼女は、孫のためにと親に資金を融通してもらい、高級住宅街のフラットを借りてミドルクラスの家庭の子どもたちが通う、スクールランキング上位の公立校にモーガンを入れた。彼女のすることすべてが息子のためだった。そんな彼女が自分からモーガンを手放したとは、ちょっと信じられなかった。

近年、英国の教育界で使われている言葉に「ソーシャル・アパルトヘイト」という言葉がある。これは二〇一三年にナショナル・チルドレンズ・ビューローが行った調査リポート"Born to Fail?"が発表されて以来、メディアが大々的に使うようになった言葉だ。当該リポートは、英国では貧困に落ちている子どもが一九六九年よりも一六〇万人も多いことを明らかにし、「英国ではあまりにも格差が固定化し、子どもたちがソーシャル・アパルトヘイトの中で育つ世界に突入している」と結論した。

"Born to Fail?"は以下のように警鐘を鳴らしていた。

- 恵まれない環境で育つ子どもは、豊かな家庭の子どもと比較して、四歳の時点（英国の就学年齢）で成長や発達に大きな差がついている。
- 貧困エリアに住む子どもは、家庭で不慮の事故に遭遇し怪我をする確率が非常に高い。
- 貧困エリアに住む子どもは、それ以外の地域の子どもに比べ、新鮮な空気を吸って緑のある空間で遊ぶ機会が九分の一になっている。

●貧困エリアにおける肥満している子どもの割合は、少年の場合は豊かな地域の三倍になり、少女の場合は二倍になる。

五年前に底辺託児所でのヴォランティアをやめて、豊かな地域の保育園に就職したとき、わたしはこの調査結果のようなことを肌で感じた。もちろんミドルクラスの親を持つ子どもたちの語彙は下層の子どもたちより驚くほど多かったし、数もきちんと数えられるが、そういう表面上の学習力より、一番驚いたのは手先の発達である。幼児期の脳の発達は手先の動きに関係しているというが、たとえばわたしはよく子どもたちと折り紙をする。保育園の三歳児は、底辺託児所の三歳児にはとても折れないような形を器用に折ることができたのである。

また、託児所の子どもたちの親にはDVやアルコール、ドラッグへの依存症などの問題を抱えた人も多かったので、家庭での暴力のとばっちりを受けてフィジカルに怪我をする子もいたが、それよりも顕著だったのは心的影響で、エモーショナル・インテリジェンスの発達が大幅に遅れている子が多かった。凶暴な子や極端に他人を恐れる子など、他者とコミュニケーションができない子どもたちに囲まれて仕事をしてきたわたしは、ミドルクラス家庭御用達の保育園の子どもたちに触れたときには「この仕事、楽勝」と思ったものだった。

身体的にも保育園の子どもたちのほうが発達していたし、極端に痩せた子や太った子もおらず、病気をしてもそれほど長引くことはなかった。

とはいえ、リッチな子どもとプアな子どもに発達上の差が出てしまうのは何もいまに始まった話ではない。しかし、この調査はさらにそれを推し進め、「子どもたちの生活があまりにも二極化し、裕福な子どもたちと貧しい子どもたちが分離され、まったく触れ合うこともないパラレルワールドで暮らす状況になっている」と指摘した。

たとえば、英国の裕福な家庭が子どもをパブリック・スクールと呼ばれる私立校に送るのはよく知られた話だ。これらの学校は年間学費が平均三〇〇万円から四〇〇万円はかかる。しかし、子どもが何人もいるとリッチな家庭でも私立校に通わせるのは大変になってくる。そこで親たちは評判のよい公立校に子どもを送ろうとする。公立小学校の入学資格は学校の校門から自宅までの距離（ブライトン&ホーヴ市の場合）で決まるので、「一〇〇メートル遠すぎて入れなかった」などという憂き目に遭わないように、スクールランキング上位の公立校のできるだけ近くに親たちは家を購入する。すると当然ながらそのエリアの住宅価格は高騰し、庶民には住めない地域になるのだ。

こうなってくると貧民は家賃が安い（つまり地域の学校が荒れているので親たちが敬遠する）エリアに住むことになり、富者と貧者の居住地域の分離が進む。貧民街の子どもたちは、保育施設から小学校、中学校と一貫して貧しい地域の、自分と同じような階級の子どもたちに囲まれて学ぶことになり、上の階級の子どもたちと知り合う機会はもちろん、彼らとすれ違うことすらなくなる。これは上の階級の子どもたちも同じことで、彼らにとって下層の人々はテレビや映画の中でしか見たことがない、現実の世界には存在しない人たちになってしまう。

が、たまにミドルクラスの親たちの戦略も失敗することがあり、たとえば、保育園で預かっていたある女児の親は、三つの優秀な公立小学校が存在する「黄金のトライアングル」と言われる地域に家を購入したが、住宅がトライアングルの中央に位置していたため、三つのどの学校からも至近距離ではなくなって今一歩のところで入学できず、あろうことかわが底辺託児所のある地域の小学校に振り分けられた。ところが、小学校見学に行った時点で女児が他の子どもたちを怖がって怯え、親子で泣きながら帰ってきたそうだ。

「やっぱり、家庭環境があまりに違うのは無理だと思った」

小学校見学の後で女児を保育園に連れてきた母親はそう言っていた。彼女は早急にパブリック・スクールの願書を入手して、娘を入学させる手続きをしたのだった。

底辺託児所に来ていた親たちも、ミドルクラスの家庭から自分の意思で下層に降りてきたタイプは、貧困地域の学校には子どもを通わせたがらなかった。高学歴の親たちは荒廃した学校に通わせるよりはとホームエデュケーションの道を選び、自分で子どもに勉学を教えていた。

モーガンの母親の場合は疎遠になっていた実家に頼みこんで高級住宅街に部屋を借り、その地域の学校に子どもを入れることにしたわけだが、そのためのしわ寄せも大きかったのだろう。折りしも保守党政権が生活保護打ち切りや大幅減額を始めた時期が重なった。シングルマザーの懸命の努力にも限界があったのは想像できる。

しかし、モーガンが小学校でひどく暴力的になったという現象にはもう一つの、教室の中で起きていることを知っている子ども自身にしかわからない側面もあったのではないかと思う。

「家庭環境があまりに違うのは無理だと思った」

というミドルクラスの母親の言葉をわたしは思い出していた。

底辺託児所改め緊縮託児所は、資金難でいまは週に三日、それも午前中しか開けられない。センター自体の利用者が激減しているので、それでも支障はない。だが、だからといって貧困に落ちる家庭が減っているわけではない。逆に増えている。この矛盾がこの国の緊縮政策というものの本質であるように思う。

午前中で託児所を閉めて食堂にコーヒーを作りにいくと、まだモーガンの母親がテーブルに座っていた。

「ハーイ」

と声をかけると、彼女は「いったいこいつ誰」というような表情をして、それから怒っているのか恥ずかしがっているのかわからないような、軽いパニックを顔に表した。

「お久しぶりですね」

と、こちらもなんとなく気まずい感じで言うと、

「戻ってきたんだね」

と、ゆっくり、ろれつの回らない口調で彼女は言った。

「はい。勤め先が潰れちゃって」

そう言ってから、その言葉が閑散としたセンターの雰囲気にあまりにフィットするので、わたしは笑ってしまった。

「何か飲まれます？」

「いや、さっき紅茶飲んだから」

と彼女は言った。わたしはインスタントコーヒーの瓶を開ける。

「Kは元気？」

モーガンの母親はわたしの息子のことを尋ねた。

「ええ。元気です」

息子とモーガンは、底辺託児所で一緒に遊んでいたのだ。

モーガンはうちの息子より一つ年上で、息子は彼に殴ったり叩かれたりしてよく泣いていた。「あんなところによく子どもを連れていくね」と友人知人からは言われたが、わたしは自分がヴォランティアに入る日には息子をいつも一緒に連れていった。息子は、いじめられても邪魔にされても年上のモーガンを慕ってくっついていった。モーガンもそのうちそんな息子がかわいく思えてきたのか、なぜか最後には一番の仲良しになって、いつも二人で兄弟のようにつるんでいた。

「いま、いくつだっけ？」

「八歳です」

「もうそんなになるかね」

「早いもんですよね」

と言ってわたしはケトルからマグカップに湯を注ぐ。

「モーガンは九歳になった」

彼女がまったく声音を変えずに言うので、わたしも努めてさりげなく言った。

「ですよね、一つ違いだったから」

彼女は表情をぱっと緩め、老人のように唇をもぐもぐさせて笑っているような顔をつくった。

「二人でよく食堂を駆け回っていた」

「そうでしたね。ほんの昨日のことみたい」

「Kは学校は好き？」

「ええ。楽しんで行ってます。学校の雰囲気もいいし」

わたしがそう答えると、彼女は窓の外に視線を移して、ぼんやりと言った。

「モーガンもいい学校に通っている」

初夏の透明な日の光が彼女の金髪の上にやさしく降り注いでいた。彼女は穏やかな口調でゆっくりと言った。

「あの子は大きな、立派な家に住んで、いい学校に通っている」

子どもたちを取り巻く世界　1

貧困ポルノ

二〇一四年に英国のチャンネル4が放映した『Benefits Street（ベネフィッツ・ストリート）』という番組が大きな話題になった。

これは生活保護受給者が多く居住するバーミンガムのジェイムズ・ターナー・ストリートの住人を追ったドキュメンタリーである。が、「ブロークン・ブリテン」は英国では目新しくも何ともない問題なので、放送当時、個人的には「なんで今さら」と思った。日本人のわたしでさえ何年も前からあの世界について書いてきた（その結果、本（『アナキズム・イン・ザ・UK』）まで出た）のだ。UKのアンダークラスは今世紀初頭から議論され尽くしてきたネタである。

アンダークラスとは、就業せずに生活保護をもらいながら生活している人々の層を指す言葉であり、仕事をしていないので労働者階級とも呼べない、既存の階級の「下」に位置する層として登場した新たな階級の名称である。八〇年代にサッチャー政権は英国の「非産業革命」を行い、多くのブルーカラー労働者たちを失業者にした。さらに、九〇年代には別の政党でありながら彼女の新自由主義を引き継いだ労働党のトニー・ブレアが、これらの「仕事がないワーキングクラスの人々」への生活保護を手厚くして「上から下までみんながハッピーな社会」を演出した。そのおかげで、社会の最底辺の「アンダークラス」ではモラルが崩壊し、さまざまな社会問題を引き起こしているとして、保守党はこの様を「ブロークン・ブリテン」と呼んで選挙戦を戦い、二〇一〇年に労働党から政権を奪回したのだった。

そんなわけで、底辺階層周辺がなんとなく荒れているらしいことは、英国民の共通の認識になっていた。が、二〇一四年になってこの番組が放送されると英国は蜂の巣をつついたような騒ぎになった。デイヴィッド・キャメロン首相（当時）から『ザ・サン』紙まで、国中がこの番組について語っていた。よく考えてみれば、一部のコメディや映画を除き、あの世界を取り上げた映像はそれまで存在しなかったのである。

なるほど。アンダークラスは本当に英国の蜂の巣だった。というか、パンドラの箱だったのである。みんなそこにあることは知っているが、蓋を開けるとドロドロいろんなものが出てきそうだから、遠くから箱を批判することにして、中をこじ開けようとはしなかったのである。

当該番組が始まったとき、メディアの多くが使ったのは「貧困ポルノ」という言葉だった。が、お涙ちょうだいの発展途上国の貧困ポルノと、アンダークラスのそれとでは質がちょっと違っていた。元ヘロイン中毒者や若い無職の子持ちカップル、シングルマザーといった「いかにも」な登場人物たちが生活保護受給金で煙草を吸ったりビールを飲んだり、犯罪を行ったりして生活している姿をセンセーショナルに見せ、国民の怒りを扇動している。と同番組は非難され、無知な下層民がスター気取りで自分たちの貧困を晒していると嫌悪された。

が、彼らがそれほど「貧困」していないこともまた視聴者の神経を逆撫でした。「他人の税金で生きているくせに、薄型テレビを持っている」「フードバンクの世話になってるわりにはビールを買っている」などのツイートが殺到し、「働かざる者、食うべからず」「子どもを育てる余裕のない者は、子を産むな」といった、昨今ではPCに反するので公言できないような言葉を文化人でさえ口にした。近年の英国でこれほど人々を感情的にさせた番組があっただろうか。と思っていると、チャンネル4の番組としては、二〇一二年のロンドン・パラリンピック開会式以来最高の視聴率をマークしたという。

この番組が放送された頃、元責任者アニーが引退した後の託児所は、複数の責任者たちによって運営されていた。そのうちの一人がわたしのイラン人の友人であり、年末は人員が不足しがちなので、当時は別の保育所に勤めていたわたしが臨時で一度、手伝いに参じたことがあった。が、そのとき託児所に来ていた子どもの数はたったの二人。つねにガキどもで溢れ返り、粗暴で賑やかだったあのかつての託児所はどこに行ってしまったのだろうと驚いた。

「みんな、どこに行ってしまったの?」と言うと友人が答えた。

「生活保護を激減されて、ここに来るバス代すら払えなくなってるんだよ」

「じっと家にいるのが一番金はかからないけど、それって危険だね」

「うん。玩具や食料を車に乗せて、気になる家庭を定期訪問しようっていう提案もある。経費の関係でどうなるかわからないけど」

一般に、虐待や養育放棄などの不幸は閉ざされた空間で起きる。だから乳児や幼児のいる家庭を孤立させてはいけない。というのは、幼児教育のイロハである。ましてや食うにも困っている人々が子連れで閉じこもっている状況はとても不健康だ。

放送開始当初は「英国の恥部。あの通りの住民を皆殺しにしろ」などというヘイトまで生んだ『Benefits Street』だが、放送が進むにつれ議論も進化した。左翼系の団体や文化人は一貫して「貧困者を社会の敵にしている」と主張し、同番組の放送中止を求めたが、変容してきたのは右翼・保守系の論調である。ふだんは、豪邸をあてがわれた生活保護受給家庭がいかに地域住民に迷惑をかけているかだの、子どもばかり産む下層女はけしからんだの書いているウヨク新聞『デイリー・メイル』紙でさえ、「『Benefits Street』は貧困者のモラルのなさを描いているのではない。彼らを作り出した社会制度がモラルに欠けていたということを示している」と書いた。

わたしは日本にいた頃、ザ・スミスがそう歌っているから。という程度の知識で「サッチャーはダメだ」と思っていた。しかし、英国に住んでから彼女が犯した罪とは本当は何だったのかがわかった気がする。それは、経済の転換によって犠牲になる人々を敗者という名の無職者にし、金だけ与えて国蓄として飼い続けたことである。

アンダークラスの人々を知った当初、「二四時間自分の好きなように使えるのに、どうして彼らのライフタイルには幅がないのだろう」と不思議に思ったものだった。しかし人間というものは、「希望」というものをまったく与えられずに飯だけ与えられて飼われると、酒やドラッグに溺れたり、四六時中顔を突き合せなければならない家族に暴力を振るったり、自分より弱い立場の人々（外国人とか）に八つ当たりをしに行ったりして、画一的に生きてしまうもののようだ。

「それはセルフ・リスペクトを失うからです」と言ったのは師匠アニーだった。自らをリスペクトできなくなった人間に、もう国は貴様らを飼えなくなったから自分の力で立ち上がれ。というのは無茶な話だ。「自分の力」主義。というのは各人が自分の生き方の指針にすべき考え方であって、それを他人にまで強要するのはヒューマニティの放棄である。自分の力でなんとかできる気概やスキルが備わっていない人間を路傍に放り出したせいで、英国だって餓死者が出る社会になってしまった。

アンダークラスを生んだのは、サッチャーだけではない。PR先行の人気取り政治に終始したトニー・ブレアもまた、ドラッグ・ディーラーのごとくに無職者に生活保護を与え続け、麻痺させて黙らせていたのである。

二〇〇五年にカイザー・チーフスが「I Predict A Riot」という曲で、「裸同然の少女たち」が「コンドームを買うために一ポンド借りている」だの「ジャージ姿の男に襲われている」だのと歌ったとき、「一九七七年のパンクから影響を受けたというバンドが、『デイリー・メイル』紙お得意の〝衝撃のアンダークラス！〟記事から書き写したような歌詞を書いている」と嘆いたのは人気コラムニストのジュリー・バーチルだったが、ブロークン・ブリテンと呼ばれる階級は顔のない集団悪として描かれることが多かった。『Benefits Street』関連で個人的に一番驚いたのは、チャンネル4主催の討論番組で、若いお嬢さんが「こういう生活を送っている人々が本当にいるということに驚きました」と語っていたことだが、ミドルクラスの人々にとって下層の世界は二〇一四年になってもカイザー・チーフスの歌詞ぐらい現実味のないものだったのだろう。しかし、「公営住宅地の若きボブ・ディラン」と呼ばれるジェイク・バグのようなアーティストの登場や、『Benefits Street』のような番組により、ようやくアンダークラスの人々もインディヴィジュアルな人間としての顔や声を出し始めた。

そう思えば、UKのアンダークラスもまた、「そこにいるのにいないことにされていた人たち」だったのかと思う。世の中の癌であり、UKの恥部である階級が、自分たちと同様に個性や感情を持つ人の集まりであることを、この国の社会は認めたくなかったのだ。

人間の恥部を晒すことがポルノであるならば、アンダークラスを撮った番組は貧困ポルノと呼ばれる宿命を負っていただろう。

しかし、この貧困ポルノは「同情するなら金をくれ」と言っているポルノではない。彼らは金はもらってきたのだ。そしてその金と引き換えに、それより大事なものを奪われてしまったのだ。

この頃、イラン人の友人たちは、託児所の人材と資源を無駄にしないためにも、来なくなった家族の家庭訪問サービスを行う計画をたてていた。

資金はまったくないのだが、車を貸す人や運転する人、玩具を貸してくれる幼児教育施設、食料を寄付してくれる店などが見つかったと言っていた。

金だけではどうにもならないことを、金がないからこそ形にしていく人々がいる。

これを市民運動と呼ぶのなら、UKの地べたにはその屋台骨がある。

オリバー・ツイストと市松人形

2015.6

多くの英国人から見れば、東洋人はみな同じ顔に見えるように、言語の面でも極東の言語は似ていると思っている人は多い。ポルトガル人とスペイン人は自国語で会話をすればなんとなく通じる、みたいなヨーロッパ言語の常識を極東の国々にも当てはめて考えているのだ。先日なども緊縮託児所で仕事をしていると、本館の無職者・低所得者支援センターからリーガル・アドバイスのスタッフが駆け込んできて、

「ミカコ、中国語わかるよね」

と決めつけた物の言い方をするので

「いや、わたしは日本人です」

と答えると、相手は

「中国語も、聞けばわかる？」

と無茶なことを言う。日本語と中国語は漠然とそのまま意思の疎通ができるような親和性の高い言語ではないのだということを説明して退散してもらうと、一〇分ほどしてからくだんのスタッフがおかっぱ頭の女児を二人連れて戻ってきた。

「子どもの人数、まだ余裕あるよね」

「どうせ暇なんだろ」と言わんばかりの口調である。底辺託児所時代には考えられなかったことだ。獰猛でやかましい子どもたちがそこらじゅうで騒動を巻き起こしていた時代がいまとなっては懐かしい。その日も託児所に来ている子どもはたったの三人だった。

「父親がリーガル・アドバイス受けている間、この子たち、置いてくね」

と言うので、

「いや、初めての子どもは親御さんにフォームを記入してもらって、それから……」

と言うわたしの背後から副責任者をしている友人の声が響いた。

「ハーイ、マヤ&エリーザ、いいのよ、その子たちは前に来てたから」

友人がマヤとエリーザと呼ばれる子どもたちを自ら迎えに出てきた。漆黒のおかっぱ髪にブルーグレーのビー玉のような瞳。東洋人と西洋人のハーフだ。ホラー映画に出てきそうなほど綺麗な双子の女児である。二人は友人に手を引かれて託児所に入り、テーブルに座って塗り絵を始めた。彼女に何か話しかけられるたびに、無言でうなずいて『アナと雪の女王』のエルサに色を塗っている。

ときおり双子たちが交わしている言葉は中国語ではなく、英語でもなかった。聞けば父親は中国人だが、母親はポーランド人だったそうで、「だった」と過去形なのは、母親は双子や夫を残して数か月前に帰国してしまったらしい。

「すごく静かな子たちだね」

とわたしが言うと、友人は、ふふふ、と意味ありげに笑った。そして一時間後にはわたしもその含み笑いの意味を理解していたのである。

四歳の双子はすこぶる凶暴だった。赤ん坊から玩具を取り上げてぎゃんぎゃん泣かせながら蹴りを入れようとしたり、そばにいる幼児に無言で近寄っていっていきなり顔を引っかいたり、水遊びしている子どもの頭を背後から押さえてざぶんと水中に沈めようとする。相手が何をしたわけでもないのに暴力を連発するのだ。ここまでのワルを見たのは、久しぶりのことだった。ミドルクラス御用達保育園には、さすがにここまでの子はいなかった。

「やるじゃん。昔を思い出す」

わたしが言うと、友人が笑ったが、昔の底辺託児所と違っている点は、この子たちは英語を喋れないということだ。彼女たちだけではない。いまや緊縮託児所に来ている子のほとんどは英語を解さない。


英国にはUKIPという政党がある。EU議会では英国の第一政党になった、反移民、欧州離脱を唱える右翼政党である。今年五月に行われた総選挙では台風の目になるだろうと言われながら一議席しか取れなかったが、実は得票率では一二・六パーセントで三位につけており、もしも英国の選挙が小選挙区制ではなくて比例代表制だったら保守党、労働党に次ぐ第三党になっていた。彼らが不気味に支持を伸ばしている理由は、英国にEU圏からの移民が急増しているからだ。

EU諸国からの移民が労働者階級の英国人から仕事を奪い、賃金を押し下げ、NHS（英国の国家医療制度）や福祉制度を濫用し、英国の学校や住宅の不足を招き、国家を破綻に陥れている。彼らの数さえ減少し、彼らが公的サービスを使用しなくなれば、英国の人民に幸福が訪れる。というきわめて単純な主張を繰り返すUKIPは労働者階級を中心に支持を広げている。

UKIPや彼らの支持者たちが最近よく槍玉にあげるのが、EU移民と結婚することによって法的に英国に滞在する資格を得た外国人の層である。EU圏内は人の動きは自由なので、EU加盟国民と結婚した外国人は英国に住む資格を得る。保守系の『デイリー・メール』のような新聞は、EU圏内からの移民（いつも批判されるのは東欧人）が英国に来て、EU圏外からの外国人と金銭と引き換えに偽装結婚しているというスキャンダルを書きたてる。二〇年前は外国人と偽装結婚する英国人の話がタブロイド紙の見出しを飾ったものだが、現在ではそれが外国人どうしの偽装結婚の話になっているのだ。

メディアがこうしたやり方でゼノフォビアを煽ると英国人が外国人どうしのカップルを見る目は変わってくる。庶民の間にそうしたムードが広がれば、為政者というやつはどこの国でも同じでそれに乗っかろうとする。たとえば、保守党政権が生活保護の締めつけを始めて以来、英国でも申請者を窓口で追い返そうとする水際作戦が展開されているそうだが、外国人家庭への対応は特に厳しいものがあるようで、幼児を連れていれば優先的に助けてくれた労働党政権時代とは違うという。

そういうわけで緊縮託児所の母体である無職者・低所得者支援センターのリーガル・アドバイスに

相談に来る人々の大半は現在、外国人である。彼らが受けられる法的サポートについて教えてくれる場所が本当に少なくなっているというのだ。社会が排外的になるというのはこういうことなのだろう。底辺生活者をサポートしてきた慈善センターは、いまや移民センターの様相を呈している。

しかし、社会の底辺が外国人だけになったわけではない。英国人の中にも貧困者は増えている。というのも、本館の食堂では、近所のスーパーから寄付された賞味期限本日切れの食料を配布する曜日があるが、その時間帯になるとどこからともなく英国人がぞろぞろと現れ、昔よりも長い行列を作っているからである。

この人たちはなぜセンターに来なくなったのだろう。表面上の理由はすぐに挙げられる。英国人向けのコースが運営されなくなったし、一ポンドで食べられる大盛りのランチが現在は週の半分しか提供されていない。

だが、長年このセンターを使ってきた地元の人々の、あれほど強固だったコミュニティ・スピリットがそんなに簡単に消滅するとはわたしには思えなかった。移民のセンター利用者が急増したことが英国人が減った理由ではないか。と勘繰りたくなるのはわたしの思い過ごしだろうか。

託児所が閉まる時間になると双子の父親が子どもたちを迎えにきた。ひょろっと背の高いその中国人男性はまだ二〇代のように見える。

双子たちは遠くから彼の姿を認めるとビクッとするように顔を見合わせ、なぜか直立不動で父親が近づいてくるのを待っていた。

「サンキュー」

と不愛想に言って彼は子どもたちを連れて出て行く。

清掃していると本館からリーガル・アドバイスとファミリー・サービスの責任者たちがやって来た。

二人は託児所の副責任者である友人に、双子の父親について話し始めた。

「昔のように市が中国語の通訳を派遣してくれるわけでもないから、うまく意思の疎通ができなくて。資料は渡したけど、どの程度英語が読めるものやら。双子の様子はどうだった？」

「服がつんつるてんに小さかったんで、託児所に置いてある服を何着かビニール袋に入れて持たせました。あとは相変わらず……」

「父親は、もう面倒を見られないって言っている」

「……」

「家族や友人のネットワークもないし、無理だって。子どもたちがいたんじゃ、自分は仕事さえ探すことができないって」

「母親がいなくなって数か月、がんばってきたんでしょうけどね」

「ソーシャルワーカーを交えて話し合うことにした」

「……」

ここに勤めていると、ソーシャルワーカーが介入している家庭の子どもを預かるのは日常の業務の一部だ。しかし、底辺託児所時代には、親たちはみな子どもを取り上げられないように戦っていたものである。それが、緊縮託児所の親たちは手放そうとしている。

「決して親たちが薄情になったとかいうことじゃない」

と友人は言った。

「親が、もう踏ん張れなくなってる」

ここ数年、貧困区の家庭、特に移民や障害を持つ子どもの家庭を支援してきたチルドレンズ・センターのような公的施設の閉鎖や規模縮小が相次いでいる。緊縮託児所だって、困窮している家庭を保育士が巡回するサービスを続けられなくなった。国家が緊縮政策という「社会への投資削減」を行うと、最も追い詰められるのは底辺家庭だ。

左派の新聞はよく「英国はまるでヴィクトリア朝の時代に戻ったようだ」と書くが、緊縮託児所から世の中を見るとそれは誇張ではないと思う。親が子を手放したいと思うような社会層が、二一世紀の英国に存在しているのだ。

「英国に来て、子どもを作って、この国の政府に育てさせて自分だけ帰国する外国人もいるからね。私はＵＫＩＰ支持者じゃないけど、英国人がこういうことを理不尽に感じる理由はわかるよ」

と友人は言った。他のどんな場所よりもスーパーリベラルでアンチ排外なはずだった無職者・低所得者支援センターにそこはかとなくＵＫＩＰ臭のする隙間風が吹き込んでいるような気がしたのは思い過ごしではなかったのだろう。

翌週、本館の食堂でランチを食べていると、くだんの中国人の父親と双子が来ていた。一ポンドのランチを親子三人で分けて食べている。双子たちは託児所で見た姿とはまったく別人のようにおとなしく座り、小皿に取り分けられたマッシュポテトやミートボールを黙々と食べていた。

「子どもを手放したがっている」と聞いてこちらが抱いていたイメージとは裏腹に、父親は子煩悩な感じだった。甲斐甲斐しく立ち上がっては双子のために飲み物を注ぎ足しにいったり、ナフキンを取りにいったりして、自分は早々に食事を終え食堂内にかけてあるリサイクルの子ども服を見ていた。

父親は一枚一枚服を見て回ると、数着の女児服を抱えて双子が食事しているテーブルに戻った。そして服をテーブルの上に置いて双子に見せていたが、ふとしたはずみでマヤがオレンジジュースのコップをひっくり返してしまった。

ものすごい剣幕で父親が怒鳴り始めた。何を言っているかさっぱりわからないが、濡れたTシャツを握ってマヤの顔の前に突き出し、もう片方の手で拳を握って彼女を威嚇している。マヤは全身をぎりぎりと硬直させていた。脇ではエリーザも食べるのをやめてぎゅっと身を小さくしている。

父親が握りしめているTシャツからジュースのしずくが垂れ、その脇にみるみる大きな水たまりが広がった。マヤが失禁したのである。わたしは椅子から立って親子のほうに飛んでいった。

「もう十分でしょう」

わたしはマヤの手を引いて託児所に連れてゆき、下着とズボンを着替えさせた。

涙がぼとぼと床に落ちていたが、彼女は声を出さなかった。声を出さずに泣く子どもたち。こういう子どもたちをわたしは知っている。彼らは前の職場の保育園にはいなかった。こういう泣き方をするのはこの託児所の子どもたちだ。

「靴も濡れちゃったね。替えの靴、スパイダーマンがついてるやつでもいい？　女の子用がないんだよね」

と言うと、マヤはうなずいた。靴をはきかえさせていると、

「マミイ」

と彼女が英語で言った。わたしは聞こえなかったふりをして彼女を抱き上げた。なんて軽い子どもなんだろうと思った。


二〇一一年に行われた国勢調査では、英国で生まれる子どものうち、少なくとも両親の一人が外国人である子どもの割合は全体の三一パーセントで、二〇〇一年より一〇パーセント増加していたという。両親ともに外国人である子どもは一八パーセントだった。こうした数字は二〇一一年以降も増加の一途を辿っており、オックスフォード大学の人口統計学教授デヴィッド・コールマンは「英国の人口統計を変化させている第一の原動力は移民だ」と『テレグラフ』紙に語っている。

この国に外国人が急増しているのは、右とか左とかいう政治思想とは関係なく、事実である。そして外国人はこの国に移住してくるだけでなく、子どもを産んで人口を増やしていく。このペースで移民が増え続けていけば、英国は人種のメルティングポットと呼ばれている米国よりもさらに多民族化が進む可能性があるという。コールマン教授は、二〇六六年までには英国人はこの国のマイノリティになっているだろうと予測している。

緊縮託児所にいると、底辺では一足先にそれが起こっているのではないかと思う。地方紙に掲載されている地方自治体の「里親募集」の広告でも近年目につくのは、「すべてのエスニシティの里親を

探していますというような文句である。つまり、福祉にケアされている子どもたちに外国人が増えているので、里親にも人種やカルチャーの多様性が求められているということだろう。

ヴィクトリア朝時代を代表する作家チャールズ・ディケンズは『オリバー・ツイスト』で孤児院で生きる底辺社会の子どもたちを描いた。現在でも「労働者階級のヒーロー」と呼ばれる少年オリバーがあの本で最終的に幸福になれたのは、由緒正しい彼の出自が明らかになったからだった。

ディケンズの時代に逆戻りしていると言われている現代には、出自がこの国に存在しないオリバーたちが何人も誕生している。彼らはこの国の言葉さえ喋らない。彼らの親も、先祖もこの国の人々ではない。移民を受け入れるということは、大人の外国人を移住させることだけではない。文化も民族性もまったくこの国とは関係ない新たなオリバーたちを、社会が育てていくということなのだ。

うちの居間におかっぱの市松人形が飾ってある。それを見るとどうもマヤとエリーザのことが思い出された。日本語と中国語に親和性がないのと同じように、日本文化と中国文化もまた異なるものではあるが、瞳の色さえ違ったら彼女たちにそっくりな顔をした東洋の人形を見せてあげたいと思った。わたしにも東洋と西洋の血が混ざった子どもがいるせいだろう。彼女たちのことが妙に気にかかって、わたしは市松人形を託児所に持っていったのである。

だが、マヤとエリーザがふたたび託児所に戻ってくることはなかった。父親は一度だけ本館の食堂に姿を見せ、子ども服の寄付を募る段ボール箱の中に、パンパンに膨れた黒いゴミ袋を突っ込んでいった。

双子は別々の里親に預けられたとリーガル・アドバイスの責任者から聞いた。こんなに早く里親が見つかったのはラッキーだったという。

そのうちソーシャルワーカーが緊縮託児所にやって来て、ファイルに保管されていた双子に関する書類や記録をごっそり抜いて持っていった。この託児所に来ていた子どもがまた忽然《こつぜん》と消えたのである。託児所の窓の桟には市松人形だけがぽつねんと残されていた。そこにあってもしかたがないので、わたしもそれを家に持って帰った。

「子どもは社会が育てるもの」という理念を信条にしてきた国は、世界の子どもたちを育て始めている。

緊縮に唾をかけろ

2015.7

歴史的国民投票でギリシャ国民が緊縮にノーを叩きつけたにも拘らず、ギリシャ政府はEUが提案する厳しい緊縮策を受け入れた。ということを何度も何度もBBCニュース24が報じていたとき、わたしは風呂の浴槽にぷかぷか浮かんでいる色とりどりの積み木や牧場の動物、機関車トーマスと仲間たちの姿を見つめていた。緊縮託児所をふたたび軌道に乗せるため、近所のコミュニティセンターや教会で玩具の寄付を募り、富裕地区にある公園のゴミ捨て場に忍んでいって盗んでくるなどして集めた玩具を、風呂場でミルトン消毒しているのである。

「うわあ、なんじゃこりゃ！　なんでこんなところに赤ん坊が浮いていているんだ」

と配偶者が階下から叫んでいる。キッチンの流しにも実物大のベビー人形が二体ほど浮かんでいるからだ。それだけではない。トイレの洗面台にもミニカーがごろごろ沈んでいるし、庭先のバケツには恐竜たちも浮いている。

ギリシャ危機で日本でもトレンディな言葉になったという「緊縮」は、わが託児所の光景をも一変させた。英国のキャメロン首相もまた、五年前から厳しい緊縮財政を行っている。緊縮託児所は、労働党政権時代には公的助成金を受けていた慈善団体だったが、保守党政権が一切の補助を打ち切ったため、資金不足で新しい玩具すら買えない。かの有名なイタリアのマリア・モンテッソーリは、知的障害があるとされていた子どもが床に落ちたパン屑で遊ぶ姿を見て、幼児の知能は玩具（彼女は教具と呼んだ）を触って感覚を刺激されることによって伸びると気づいたのである。子どもの発育には手で触れ、指先で遊ぶ物が必要不可欠だ。玩具のない保育施設は、教材のない学校のようなものである。

しかし玩具だけではない。緊縮託児所は人手も不足している。昔は「白髪のアニー・レノックス」（顔がユーリズミックスのアニー・レノックスに似ていたのである）とわたしが呼んでいた有名な責任者がいて、彼女から学ぼうとする保育コースの学生や大学生たちがヴォランティアを志望して来ていた。白髪のアニーはもともとモンテッソーリ校で教員として働いていた人だが、ブライトン＆ホーヴ市の保育関係者からいまでも「幼児教育施設の鑑」とリスペクトされているブライトン大学の学内保育園を立ち上げた。そしてその学内保育園を軌道に乗せると、まるでローマのスラムにカサ・デ・バンビーニ（子どもの家）を作ったモンテッソーリのように、最も貧困率の高い地区の失業者・低所得者支援団体の施設の中に託児所を作ったのである。

「このような地域の子どもたちは、早くから独立しなくてはいけません。だから私たちの仕事は、自分の足で立ち、自分の頭でものを考えることができる、インディペンデントな子どもの知的・精神的土台を作ること」

と言っていた彼女は、ホームレスや依存症、DVなどさまざまな問題を抱えた親たちの子どもをただ「預かる」だけの託児所は作らなかった。そこで行われていたのはあくまでも「教育」だった。彼女に学びながら保育士の資格を取ったわたしは、ミドルクラス御用達の民間の保育園に就職したとき、そこはどちらかといえば子どもを「預かる」場であり、「教育する」場としてはかなり劣っていたことに驚いた。かつてわたしが「底辺託児所」と呼んでいたアニーの託児所は、実は底辺どころか大変にハイレベルな幼児教育施設だったのである。

これは英国という国の底力である。ここには底辺を底辺として放置させてはいけないと立ち上がる人が必ずいる。地べたで何かをしようとする優れた人々が出てくるのだ。資本主義社会にあっては、優れた能力や経験を持つ人は、それを活かして相応の報酬を受け取れる方向に進むのが通常ではないか。しかしこの国にはそれに逆行するかのような人々がいて、底辺付近のコミュニティに行くと、「なんでこんな人がこんなところに」という人々が働いている。

アニー時代の託児所のヴォランティアたちもまた、みな熱心だった。先の労働党政権は幼児教育の大改革を行い、〇歳から子どもの発育度を測るカリキュラムを導入して（「オムツ教育課程」とリベラル派には批判もされたが）、保育士をベビーシッターから教育者に変える政策を推進した。すでに保育施設で働いている人は、有給スタッフ、ヴォランティアにかかわらず、保育士資格取得コースや大学の幼児教育コースに通う場合の学費が免除された（わたしもこの制度のお世話になった）。白髪のアニーは託児所の業務の合間に学生ヴォランティアが書いた論文を読んだり、質問に答えたりしていた。彼女の託児所は、幼児教育を学ぶ人々の「寺子屋」でもあったのである。一日の終わりにはヴォランティアたちがアニーを囲んで、子どもたち一人一人を観察して気づいたことを語り合い、その発見にもとづいた新たな遊びや活動のアイディアを出し合った。民間の保育園にはそんなミーティングはなかった。子どもたちの帰宅後に会議があるというと、「残業代出るの?」が保育士たちが最初に言う言葉だった。

労働党政権が幼児教育改革に乗りだしたのは、下層の幼児たちの発育が遅れすぎ、上層では進みすぎていて、就学年齢に達したときには大きな差がついているという発育格差を是正するためのものだった。だから底辺託児所で行われていた教育のほうがハイレベルだったというのは、当時の労働党の理念を象徴していた。国家が早期教育に力を入れすぎるのは危険だという見方もあるし、干渉はデモクラシーに反するという声もある。だが、干渉という名の押し上げが必要な階級があることをわたしは現実的に知っている。モンテッソーリにしてもその押し上げの必要性を知っていたからこそ、底辺層の子どもたちを他の子どもたちと同じ土俵に立たせるために独自の教育法を創出したのである。

しかし、それが数十年のうちに「こんな教育を貧しい子どもたちも受けられるようになったらと思います」とマハトマ・ガンジーが言うような富裕層教育法になってしまったのだからキャピタリズムというやつは恐ろしい。現代ではグーグルやアマゾンの創始者、英国王室の王子たちもモンテッソーリ法の保育施設の卒園生だという。貧しい子どもを押し上げるための教育法は、恵まれた者たちをさらに先に進ませるためのエリート養成法になってしまった。金の有無とは関係なかったはずのものが、すべて金に収斂《しゅうれん》してゆく資本主義の法則がここでも幅を利かせている。

底辺託児所のスピリットはまた別の形で金に殺された。労働党から保守党へと政権が交代した直後、白髪のアニーは定年退職した。緊縮の政治が託児所をどう変えるか知っていたのだろう。彼女が後継者として責任者に据えたのは理想に燃えるオーストラリア出身の若きみどりの党員だったが、資金難や人員不足、託児所内部の揉め事などに耐えきれず、体調を崩して帰国した。次に責任者になった経験豊富な女性も、託児所の運営時間が減るにつれて給与を減額され、「これでは食べていけない」と辞めたそうだ。現在は責任者のポストは空席で、複数の副責任者がそれぞれ担当の曜日を回している。

緊縮はヴォランティアも激減させた。政府が保育士養成に投資することをやめたため、すべての保育士資格取得コースが有料になったからだ。しかも、保育士の資格を取った後で大学で幼児教育を学ぼうかという人々は、日本円でいえば数百万円の学費が必要になった。子どもを連れて託児所に来ていた無職のシングルマザーが幼児教育の面白さに気づいて保育のプロを目指すことにしたケースとか、この託児所を卒園した貧困家庭の子どもがヴォランティアとして戻ってきて大学で幼児教育を学んでいるケースとか、底辺託児所に来ていた人々だけを見ても、国家が幼児教育者を養成するという政策は社会の流動性を増すという点でも有効だった。だが、その活気ある流動性も緊縮によってぶっつりと断たれた。

浴槽にぷかぷか浮かんでいる色とりどりの玩具を見つめていると、あの託児所もついにここまで追い込まれたのかとしみじみ思った。緊縮の風景。それはEUから無理強いされた緊縮政策に「OXI」のプラカードを掲げて叫ぶギリシャの人々の姿であり、ブライトンの慈善センターで賞味期限本日切れの食物配給時間に列を作って並んでいる人々の姿であり、この浴槽に浮かんだ玩具の姿だ。

欧州では「緊縮」と「反緊縮」が政治の大きな焦点になっている。緊縮財政を各国に押し付けるE

Uへの批判が広まるにつれ、「左派ポピュリズム」と呼ばれる反緊縮派の台頭が目立ってきたからだ。なかでも有名なのはギリシャのシリザ、スペインのポデモスといった急進左派政党だが、英国でも反緊縮派のSNP（スコットランド国民党）が今年の総選挙でスコットランドのほぼ全議席を獲得し、大躍進を遂げている。欧州の若者の間では、「反緊縮」が体制への反抗を意味するヒップな流行語になりつつある。

若者たちが政治に覚醒するのは当然のことだろう。緊縮の煽りをまともに受けているのは若年層だからだ。失業と低成長と社会格差拡大をもたらした緊縮財政は、学校を出ても仕事に就けず、がんばって働いても住宅の一軒も買える見込みはなく、今日よりも明日のほうが状況は確実に悪くなるだろうという暗い展望しか抱けない若者たちを作りだした。

「『ごめんね。君たちに仕事がないのは、君たちのお父さんやお爺さんの世代のせいだよ』と欧州の若者たちには言っておけばいいのだろうか？　僕たちが求める欧州モデルとは、全世代で集団懲罰を受けている状態なのだろうか？」

と言ったのはトマ・ピケティだが、実は緊縮で若者たちよりも損害を蒙っている世代がある。彼らよりさらに若い、子どもたちである。保守党が政権を握ってから、最もわかりやすい形で緊縮の影響を実感したのは、息子が通っている小学校が子ども用のコートやジャケットの寄付を募り始めたり、朝食のコーンフレークの箱に「わが社は各地のブレックファスト・クラブに製品を寄付しています」という広告が載り始めたときだった。学校で子ども用の上着を集め始めたのは、寒い冬に子どもが着るコートを買えない家庭が増えたからであり、ブレックファスト・クラブというのは、一日三度の食事ができずに朝食抜きで登校する子が増えたため、学校や教会のホールを借りて慈善団体が貧困層の児童に無料で朝食を提供している場のことだ。以前から英国の貧困層は底辺だ、底辺だとわたしは書いてきたが、ここまで子どもの貧困が広がったことはなかった。わたしは英国に住んでもうすぐ二〇年になるが、こんな光景はいまだかつて見たことがない。

経済学者のポール・クルーグマンは「緊縮はたんなる政治的トレンドだ。現代のヨーロッパの経済環境の中でそれが機能しているという証拠はどこにもない」と発言し、ヨーロッパの政治指導者たちを「緊縮狂」と呼んでいる。クルーグマンは「緊縮狂」がこの財政政策に拘泥する理由の一つとして「財政赤字を減らそうとする政府の努力に投資家たちが好感を示すからだ」とわかりやすく書いているが、であれば現代の国家というものはあまりに金融機関化しすぎており、投資だの金利だの資本だのといった問題にばかり囚われていて、人民を忘れている。投資誘致も金利操作もけっこうだが、うちの風呂場にぷかぷか浮いている玩具はどうなるのだ。それはPCのスクリーンや金融取引所の電光掲示板に流れては消える数字ではなく、厳然とした形あるものなのだ。ポピュリズム呼ばわりされている欧州の若者たちの反緊縮運動を、クルーグマンやピケティといった経済学者たちが「正しい」と支持するのも道理だ。道端から移民のおばはんが拾ってきて風呂場で消毒した玩具で遊ぶ子どもたちが二一世紀の英国にリアルに存在するのである。子どもや若者を育てない社会はノー・フューチャー。というかスーサイダルでさえある。二〇一五年の欧州で反緊縮を叫んで立ち上がっている若者たちの姿は、ヨーロッパの自殺願望を食い止めようと踏ん張っている若い命の姿ではないだろうか。彼らはまだこれから、生きなければならないのだ。

一昔前なら、英国ではアナキストと呼ばれる人々が若者たちとともに戦ったものである。緊縮託児所がある慈善センターの本館は、四年前までそうした人々のたまり場だった。アナキスト系無職者たちは、勤労をせずに失業保険や生活保護を受けながら自らの信じる政治信条のためにヴォランティア活動をしたり、政治運動を行っていた。しかし、労働党政権時代には、アナキスト団体の主な活動も、無農薬野菜の栽培やオーガニック食品の販売、ラディカル思想本のライブラリーといったソフトな方向に転換していたので、所謂「戦う極左」と呼ばれた世代のダイハードなパンクやヒッピー系のおっさんたちは「生ぬるい」と怒っていたものだった。いまこそ彼らが反緊縮の旗を掲げて生き生きと活躍できるときだろうに、センターの本館にはもはやそうした人々の姿さえない。

彼らもまた、緊縮の煽りを受けて失業保険や生活保護を打ち切られ、低賃金の仕事についたのだ（ホームレスになったり、行方不明になったりしている人もいる）。閑散として人もまばらな本館の食堂に座っていると、緊縮には経済的効果より、人民をおとなしくさせる政治的効果のほうがあるのではないかと思える。それは人民を分散し、孤独にさせて、意気消沈させる。道端やスーパーマーケットで、昔センターに出入りしていたアナキストたちと会うことがあるが、彼らはドレッドヘアの髪を切ったり、眉や唇からピアスがなくなったりしていて、疲れ切った顔で買い物をしている。「ハロー」と話しかけると「ハロー」と答えるが、いまはもうそれ以上語りたいこともなくなったといった風情で、寂しい笑いを浮かべ、そそくさと立ち去っていく。それはまるで、反緊縮を唱えて勇ましく政権につきながら、EUから命じられた通りにさらなる緊縮を行うことにしたギリシャのシリザのようだ。

俺は反キリスト。俺はアナキスト。

一九七七年にロンドンでパンク・ロックの狼煙《のろし》を上げたセックス・ピストルズはそう歌ったが、これを二〇一五年風のプロテスト・ソングにしたらこうなるだろうか。

俺は反緊縮。俺はマルキシスト。

けれども緊縮は、アナキストもマルキシストも粉砕して進んでいく戦車のようだ。EUは欧州国どうしの戦争は終わらせたが、人間対資本の戦争を引き起こしたように見える。それはじりじりと進行し、まるで当然のように人間が負け続けているが、いったいこんなことが、いつまで続くのだろう。人間が最低限の生活を保障されることが、証券取引所の電光掲示板を流れる数字に踏みつけにされている状態がいつまでノーマルでいられるのだろう。

ミルトン消毒に必要な一〇分間が経過したので、わたしは浴槽に浮いている玩具を取り出した。それらをまず床に広げたバスタオルの上に置いて、一つ一つタオルで拭いていく。牧場の動物たちも魚たちもつんとミルトンの匂いがした。

プラスティックの人間のフィギュアが潰れていたので膨らませようと脇を押したら、濁った水がどろどろ出てきた。

ヒューマニティが資本に劣ると決めたのは、人間自身なのだと思った。

貧者分断のエレジー

2015.8

緊縮託児所の本体である無職者・低所得者支援センターにはファミリーサービスと呼ばれる部署がある。ここは平たく言ってしまえば利用者たちの家庭とソーシャルワーカーとのパイプ的な役割を果たす部署だ。二〇年間の長きにわたって、その責任者を務めてきたのは、自らも子持ちのシングルマザーとして当該センターを利用し、人生を立て直した経験をもつ中年女性だった。

が、この女性が他所《よそ》に移り住むことになり、新たな責任者に選ばれたHは元ソーシャルワーカーの三〇代の女性だ。四年前に同性のパートナーとの間に子どもを作り、地方自治体の福祉課での仕事をやめて育児に専念することになったという。現在は弁護士であるパートナーだけが仕事を続けているが、Hも子どもがプレスクールに行くようになったのを機に、当該センターでヴォランティアをするようになった。貧困地域の人々のために自分のノウハウや知識を活かしたかったのだろうし、子どもが成長して仕事に復帰するときにも、当該センターのような組織での経験は評価されるに違いない。

面倒見のよい肝っ玉おばさんタイプだった前任者と比べ、Hは年齢も二〇歳ほど若いし、仕事ぶりもプロフェッショナルというか、利用者と自分の間に一定の距離を置いている。そのせいか、緊縮託児所を利用する母親たちの中には、「Hは冷たい」という人たちもいた。地方自治体の福祉課と無職者・低所得者支援センターの関係は、端的に言ってしまえば「問題のある家庭から子どもを取り上げる」側と「なんとか家庭で子どもを育てさせようと支援する」側の対立の構図になることが多い。もちろん、「なんとか家庭で」が通用しないほど困難な場合や、子どもたちの保護のほうが優先される場合には当該センターのファミリーサービスもソーシャルワーカーと同じベクトルで働くことになる。そうするとファミリーサービスの責任者は親たちから「裏切り者」と逆恨みされがちな立場なので精神的なタフさが要求される業務でもある。元ソーシャルワーカーだったせいか、Hはその部分の切り替えが前任者よりずっと上手なようだった。というか、以前の担当者なら「いまさえ乗り切ればこの親子は大丈夫。私とこのセンターが全力で支援しますから」とソーシャルワーカーに熱く訴えそうなケースでさえ、「感情論は無意味。無理なものは無理」とクールに切り捨てている印象すら受ける。

託児所部門の名物責任者だったアニーも去り、ファミリーサービス部門の熱血おばちゃんも去り、無職者と低所得者の家族を支援してきたセンターから、貧困地域の家族たちを「なんとか」助けようとした古い世代の人々が消えている。現在の当該慈善センターは、「これは助けるのが可能」「これはもう無理」と人間や家庭を淡々と分別するだけの場所になっているような気がして、約四年半ぶりに復帰したわたしは違和感を覚えることがある。

しかし、その中にも救いを感じさせる人はいて、それはESOL（English for speakers of other

languages）コースという移民向けの英語教室の講師をしている六〇代の女性だった。当該慈善センターでは、労働党政権時代には公的な補助金があったので、無職者や低所得者のために さまざまな無料コースを運営していた。しかし、五年前に政権が交代して保守党が緊縮政策を始めてからは、いまでも支援金がおりる英語教室だけが運営されている。よって、緊縮託児所に子どもを預けている親たちの大多数が、英語教室を受講している無職の外国人の親たち（全員女性）だ。ESOLコースはここブライトンでも複数のコミュニティ・センターで運営されており、託児所が完備されていることが多い。そうした託児所でも何度かバイトしたことのあるわたしは、英語講師たちの仕事ぶりを感触として知っている。が、当該慈善センターでESOLを教えている講師は違っていた。

この講師は移民に英語を教えるだけでなく、さまざまな面で母親たちを支えようとしていて、彼女たちが勉強している間にその子どもを預かっている保育士（わたし）との連携をはかった。毎週保育士と話し合う場をもち、託児所での子どもたちの様子を聞いて、問題があれば保育士と子ども、英語講師と母親の四人で解決しようとした。子どもたちが託児所を嫌がったり、楽しく時間を過ごすことができなければ、しぜん母親たちは英語教室に来なくなるからだ。さらに彼女は、移民の母親と子どもは一緒に英語を勉強するのが最も効果的だと言い、託児所で子どもたちに教える言葉と英語教室で母親たちに教える単語を統一した（たとえば、託児所で折り紙をする日は「三角形、長方形、正方形」などの形を表す言葉を子どもたちに強調して教え、英語教室でも母親たちに同じ単語を教えるなど）。託児所と英語教室の両方で同じ英語の歌を教えたり、同じ絵本を読ませたり、彼女は子どもたちと母親の学びのカリキュラムをリンクさせたのである。これは保育士のわたしにとっても新鮮だった。移民を受け入れるということは、ここまでするということなのだと思った。

今夏、英語教室では九月から進学する子をもつ母親たちのため、英国の小学校の平均的な一日や「英国の学校でノーマルとされていること」（たとえば、英国では学童の出席率に厳しく、たとえ病気でも欠席させたら校長に手紙を書かなければならない。無許可で欠席させると罰金が科されることもある、など）を説明し、そうした場合の手紙の書き方などを教えた。一方、託児所では、人形を使って学校での一日を再現する遊びをしたり、ロールプレイで教室ごっこをしながら「英国の学校でノーマルとされていること」を子どもたちに教えた。というのも、学校で「ノーマル」とされている習慣は、国ごとに違うからである。

しかし、まあ当然のことながら、親にも子どもにも、教えるのが一番難しいのは言語ではなく、この国における「ノーマル」のほうだ。その文化的認識の違いが、貧困層の移民家庭と学校、またはソーシャルワーカーの間で深刻な問題に発展することがあるのをわたしは何度も見てきた。そして最近、やはりこのルートを辿っている母子がいる。

彼らはチュニジアからやってきた移民の親子だ。ある日突然に父親が仕事から帰ってこなくなり、いまは同じムスリム移民の親類縁者の家に身を寄せながら暮らしている。なんとか仕事を見つけようと母親が職安に行ったら、英語の読み書きが苦手な移民としてカテゴライズされ、うちのセンターの英語教室を紹介されてきたのだった。

この若い母親は勝ち気で賢い人なので英語の上達も速く、立身出世を信じ、努力をしない人間が貧しいのは当然だという自己責任論者だった。発展途上国から来た向上心の強い母親たちと話していると、たまにマーガレット・サッチャーと話しているような気になることがあるが、彼女たちもまた鉄の拳をふるうことがある。

「言うことを聞かない子はこうするよ」

チュニジア人の母親は、そう言って子どもの前で拳を握った。

「いやいやいや、英国ではそういうことを言うのも、そういう姿を見せるのも危険です」

と助言しても、彼女は本心から聞いていない。彼女は所謂「ホワイト・トラッシュ」と呼ばれる英国人のアンダークラス民が大嫌いで、子どもを厳しく躾けず、やりたい放題させているからこの国は駄目になったと言う。これは彼女だけではない。アフリカや中東、そしてアジアから来た移民の親たちが決まって口にすることである。

しかし、一時期流行した「タイガー・マザー」のようなスパルタ式の立身出世主義的な育児は、それがミドルクラスやアッパークラスの人々なら「違う文化圏の人々のユニークな子育て」で済まされるのだろうが、下層で同じことをやると「野蛮な文化圏の人々の児童虐待」と見なされる。

このチュニジア人の母親の家庭でも、小学生の長女が学校で暴力的になり、教室から逃亡するようになったのをきっかけに、長女が家庭で宿題をするまで食事を食べさせてもらえないことや、単語のテストで満点が取れないとベランダに出されること、口答えをするとぶたれるので唇が切れていることなどを担任に訴えたため、ソーシャルワーカーが介入してきた。

託児所に来ている四歳の弟はおとなしい子だが、言葉が遅く、その年齢にしては体が小さい。たまにはそういう子もいる、と言ってしまえば終わる話だが、いったんソーシャルワーカーが介入してくることういうことも重要視される。

家庭の閉じた扉の向こうで行われていることはわからない。が、これまでならセンターを利用している家族に寄り添って事情を聞き、その代弁者となってきたはずのファミリーサービスの責任者Hが、今回は妙に冷淡だ。というか、チュニジア人の母親と対立さえしている。

「あんな変態に子育てのことでとやかく言われたくない」

チュニジア人の母親がHについてそう公言しているからだ。

「女どうしが子どもを作って育てるなんて間違っている。そんなクレイジーな人間に家庭のことなど相談できない」

「でも同性婚や同性が子どもを育てることはこの国ではパーフェクトに合法的で、少しも間違ってないません」

「法が許しても、神は許さない」

この母親は、生まれ育った家庭のしきたりとして宗教を信じているタイプの女性ではない。自ら信仰熱心なムスリムなのだ。これまでもムスリムの母親の子どもを預かった経験はあったが、こんなに西洋的な考え方を受け付けない、というか、受け入れるふりさえしようとしない女性はいなかった。

「あなたは日本人だから、このへんに住んでいる英国人はおかしいと思うでしょう? 長女を学校に迎えに行ったら、まだ子どものような顔をした母親たちが娼婦のような恰好をして校門の前でスパスパ煙草を吸っている。彼女たちは仕事もせずに昼間から酔っぱらっていて、〝リスペクト〟という言葉を知らないアニマルのような子どもを育てている。この国は壊れている。子どもを厳しく律して育てないからです」

そう言う彼女の真剣な目を見ながら、わたしはデジャヴのような感覚に陥った。

こういうことを言っていた日本人女性が八年前にいた。彼女もまた、英国の人々の子育ては間違っていると言い、英国人に同調するふりをすることすら拒否し続けたために、二人の子どもの親権を失った。

郷に入っては郷に従え。

などということを言ってもまったく意味がない。なぜなら、彼女たちは郷のやり方は完全に間違っていると確信しているのだから従いたくないのだし、「郷に入っては…」という概念は外国人差別的な同化主義だと信じている。

だが、その正義感というか頑なさが命取りになることもある。八年前にある日本人女性が二人の幼い子どもたちの親権を失ったとき、わたしが思ったのは、どうして郷に従うふりができないのだろうということだった。それは彼女に言わせれば同化主義への敗北かもしれないし、自分に嘘をつくことかもしれない。だが、本当に子どもたちを失いたくないのであれば、うまく同化されたふりをし、一時的に自分に嘘をついて、後からこっそり舌を出すようなしたたかなやり方だってあったはずだ。

いまになって思えば、彼女がそれをしなかったのは、まさか自分から子どもが取り上げられるなどということが本当に起こるとは思っていなかったからだろう。「子どもは社会が育てるもの」という福祉国家的観念が定着していない国から来た人間には、国家が親から子どもを取り上げるというコンセプトはリアルではない。

「わたしたちの国ではそうでないことでも、この国では深刻な問題だと考えられることがあります。そのために不必要な誤解を生み、それが積み重なって、悲劇につながったケースをわたしは見たことがあります」

わたしはそう言ったが、チュニジア人の母親はどうでもいいような顔をして聞いていた。緊縮託児所に復帰してから、ここにアニーがいたらどうしただろうと考えるときがある。彼女はたんなる保育士ではなかった。苦境にある家族を、将来的に起こりうる不幸から守るために自分の知識や経験を使い、外側の人々に繋げていく人だった。

わたしはHに会うためファミリーサービスのオフィスに行った。食堂で何度か世間話をしたことはあったが、面と向かって仕事の話をするのは初めてだ。

「あの母親は、最初から私に対して攻撃的で、落ち着いて会話をすることすら不可能」

流行のショートカットにファッショナブルなパンツスーツを着たHが言った。

「たぶん、わたしたちがグルになって彼女を批判しているような気分になって、あんなふうにとげとげしくなっているんじゃないかと……」とわたしは言ったが、Hはそれをさえぎるように言った。

「なにしろ、子どもに対する懲罰的行為がいけないこととはまるで思っていないし、差別的な発言が多くて」

「……」

「成功することがすべてだと思っていて、それを子どもに強要するから、上の子どもは派手に反抗し始めたし、下の子どもは正常に発育していない。二人とも、ちゃんと食べていない節《ふし》がある」

「というのがソーシャルワーカーの懸念ですね」

「私もほぼ賛成」

「下の子は、言葉こそ遅いけど、手先は器用だし、表情や体で感情を表現することも上手です。虐待されている幼児はあんなふうには育ちません。いま身を寄せている親類の家も経済的に苦しいみたいだから、食事を三度食べていないこともあるかもしれない。でも、このセンターはそういう家族をサポートする場所でしょう。それに、厳格な親の子どもが反抗するようになるのは、ユニヴァーサルなことに思えますが」

「でも、その厳格に体罰が含まれれば、それは虐待です」

まるで水戸黄門の印籠のように、Hは決め台詞を言い放った。

「これからどうなるんでしょう？　母親の心理カウンセリングが始まるとか？」

とわたしは聞いた。八年前の日本人の母親のケースでは、彼女の母親としての不適格性を立証するために、心理学者によるカウンセリングが行われて心理鑑定書が作成された。

「いや、彼女の場合はそんなことはないと思う」

とHは言った。

「彼女の場合は、宗教的なものだから」

宗教的なものだから。

とは、ムスリムだから。ということだろう。

ある女性がこの国で母親失格と見なされる理由は、精神的疾患ではなく、ムスリムだから。ということになったのか、それとも、精神的疾患が理由なら親と子を引き離すことができるが、宗教的な理由となると引き離すことはできない、PCの問題も絡んできて面倒だから福祉の圏外だ。ということなのか、それはわからない。わからないが、わたしにはそこに八年前より冷たく高い壁がそびえているような気がした。

わたしとHが話をした翌週、チュニジア人の親子はぷっつり当該センターに来なくなった。ふと見渡せば、食堂で食品を配給するときも、リサイクルの服やベビー用品を配給するときも、ムスリムの人々が一人も来なくなっていることに気づく。

肌の色や国籍や文化とは関係なく貧困者の拠り所になっていた場所で、こんなにも明らかに人々の分断が進んでいる。

「『どうもありがとうございました』というメールが彼女から来ました」

英語教室の講師だけがぽつりとそう言っていた。

子どもたちを取り巻く世界　2

RISE

出世・アンガー・蜂起

ブライトンに夏が来ると、わたしの週末を支配するのは、息子の友だちのバースデイ・パーティ・ラッシュである。

夏のあいだに誕生日を迎える子どもたちの親が、学期中にパーティを終わらせようとするので、土曜の朝はこっちのパーティ、午後はあそこのパーティで日曜もまたパーティ。といった按配だ。英国人のパーティ文化は、幼少の頃のバースデイ・パーティではじまる。わたしの周囲でいま一番パーティ・アニマルなのは、ゲイの同僚とうちの小学生の息子だ。

しかし、このパーティにしろ、すべての子どもたちが開くわけではない。息子の学校は、富裕区と貧民区との二つの教区合併の形で作られたカトリック校であり、公立校にしては子どもたちの家庭の階級に幅がある。とはいえ、日曜ごとに教会に通っているようなカトリック信者は、裕福な教区のほうが絶対的に多いので、リッチ派がマジョリティだ。で、趣向を凝らしたパーティを開くのはこの層の方々になるわけだが、ついに不況の波が彼らにも及んでいるのか、クラス全員を招待した大きなパーティというのは稀である。

つまり、子どもたちが、「君は招かれているのに、僕は招かれていない」という残酷なリアリティを直視しなければならなくなった。で、小学生のパーティ・シーンを見ていて気づくのは、招待者の選択には決まったパターンがあるということである。

親たちの階級や肌色、趣味趣向（聴いていそうな音楽とか）により、招かれている子どもたちのメンツが違う。社会的にリスペクタブルなミドルクラスの子どもたちのパーティには白人の金持ちの子どもが中心に招かれているし、ミドルクラスでもちょっとボヘミアンというか、芸術家とか作家とかそういう仕事をしておられる人々や、鼻にピアスした弁護士なんかの子どものパーティでは、外国人や貧民の子どもの割合が増える。ワーキングクラスの親は大人数のパーティは開かないので、近所に住む同じ階級の子どもたちしか招かれておらず、ここもさらに二つのグループに分かれるのだが、聖ジョージの旗を一年中掲げているようなお宅ではやはり英国人の子どもの集まりになるし、なんか若い頃に妙な音楽でも聴いて道を踏み外したのかな、というようなリベラルな貧民の家庭は外国人の子どもも招く。この年齢では、まだ親が幅をきかせているので、子どもというより親のセレクションになるのである。

子どもたちが自分の人種や親の収入、交際すべき人々といったソシオエコノミックな自分の家庭の地位をリアルに理解し始めるのは、こういった社交イベントを通してかもしれない。学校ではみな平等が理念だったとしても、いったん家庭に戻れば、巷は階級だの人種だのといった醜いイシューにまみれている。

たとえば、うちの息子のクラスにTというヴェトナム人の少年がいる。大変に勤勉な彼の両親は、二〇年前にはロンドンの中華料理屋で働いていたそうだが、いまではお父さんはＩＣＴコンサルタント会社の経営者、お母さんは金融街シティの大手会計事務所勤務という、絵に描いたようなソーシャル・クライマーの家庭である。

うちのような保育士とダンプの運ちゃんの家庭は生粋の労働者階級だし、ソーシャル・クライミングどころか、どちらかと言えば年々下降気味なのだが、わたしが東洋人のせいか、このヴェトナム人のご夫婦は富裕層のわりにはよく話しかけてくる。

特に、学芸会か何かでお会いしたときに、うちの連合いが「うちの子は半分イエローだから、いじめられるときが必ずくる。そのときに自分の身を防御できるよう、日本のマーシャル・アートを習わせている」と言ったときは、ご夫婦で真剣に聞き入っておられ、いまではTもうちの息子と同じ道場に通っている。

そんな風だから、やはりレイシズム問題には敏感でいらっしゃるのだろうが、このご夫婦が先週末、Tのバースデイ・パーティを開いた。久しぶりに、クラス全員が招待されたビッグな催しだ。普通は欠席する子が何人かいるのが当たり前なのだが、この日は全員勢ぞろいのようだった。息子を迎えに行くと、ちょうど記念撮影をしているところだったのだが、ふと、一人だけ不在の少年がいることに気づいた。

「なんでRは来てなかったの？　具合でも悪かったの？」

帰り道で聞くと、息子は黙っている。

「ロンドンの叔母さんとこにでも行ったのかな？」

息子はうつむいたまま、ぼっそりと言った。

「Rは招待されなかったんだ」

「えっ。でも、クラスの子、全員いたじゃん」

「Rだけ、招待されなかった」

「そんなはずないよー。招待されたけど、来れなかったんでしょ」

「……Rの引き出しにだけ招待状が入ってなかったんだ。僕、Rと仲いいから、Tに訊いたんだよ。『入れ忘れたんじゃない？』って。そしたら、Tは急にもじもじして、『お母さんが決めたことだから』って」

そういう発想はしたくない。

そういう思考回路を持つわたしこそが、レイシストなのかもしれない。

が、最初に思ったのは、Rはクラスで唯一のブラックだということだった。

で、学芸会だ、サマー・フェアだ、と学校での催し物があるたびに、ヴェトナム人のTの両親が、アフロカリビアンであるRの両親をあからさまにシカトしているのではないかと思える場面があったということである。

「Rは、なぜか外国人の子のパーティには招待されないんだよね」

と息子は言った。

「Tもそうだし、ポーランド人のMも。メキシコ人のVもそうだった。外国人って、Rが嫌いなの?」

と言われたときには、返す言葉を失った。

たとえば、一昔前までは、さまざまな肌色をした底辺外国人の「対イングリッシュ」みたいな団結力が強固で、それはそれで敵対感に溢れすぎていて鬱陶しくなることもあったが、ちょっと階級を昇ったりすると、外国人こそが最も積極的に他の外国人を排他する人々になるというのは、あまりにリアルでサッドだ。

「そんなことないよ。母ちゃんは外国人だけど、Rと彼のファミリーが大好きだ。Rの父ちゃんはユース・ワーカーだし、母ちゃんはソーシャル・ワーカーだ。アフリカから来て、この国の子どもたちをサポートしている彼らは、本当に素晴らしい仕事をしている」

とわたしは言ったが、Rの親友である息子は黙って下を向いていた。

Tのパーティがあった週末明けの月曜日、いつものように息子を学校まで送って行くと、学校の正面玄関にたむろしている親たちは、みな口々にTのパーティを誉めそやし、Tの母親にサンクスを言っていた。

それらの親たちと目を合わさないように、Rの父親は、ひっそりとRを玄関の脇に残して去って行く。クラス全員が招かれているのに、一人だけ招かれなかったという子どもの気持ちも悲しいが、親の気持ちもつらい。と思った。

Rの父親と目が合ったので手を振ると、何とも居心地の悪そうな、こちらが胸苦しくなるような笑顔で親指を突き上げて見せる。

どうして人間というものは、こんなに残酷でアホくさいことができるのだろう。

階級を昇って行くことが、上層の人びとの悪癖を模倣することであれば、それは高みではなく、低みに向かって昇って行くことだ。

エリート・ホワイトの輪に入るために、自ら進んで有色人を排他する有色人。移民の多い国のレイシズムは、巨大な食物連鎖のようだ。フード・チェインではなく、ヘイト・チェイン。そのチェインに子どもたちを組み入れるのは、大人たちだ。

ぴかぴかの黒い革靴を履いた白い子どもたちに囲まれて、同じような靴を履いたヴェトナム人の少年が楽しそうに談笑しながら廊下を歩いて行く。

Asdaの安い靴を履いたRは、少年たちの群れからわざと遅れるようにして、とぼとぼと一人で歩いていた。Rと同じAsda靴を履いたうちの息子が、Rに追いついて、ぽんと肩を叩く。その背後から、鼻ピアスの社会派弁護士の息子が二人のあいだに割って入る。この子は生粋のイングリッシュでぴかぴかの革靴を履いているが、野蛮にもRに頭突きをかまし、「ワッツ・アップ・メーン」などと言ってげらげら笑っている。

晴れやかに教室の中に消えて行く大グループと、遅れて歩く小グループの少年たち。

イングランドの未来をつくるのは、この子たちだ。

リトル・モンスターと地上の星々

2015.9

預かる子どもたちのほぼ全員が外国人という二〇一五年の緊縮託児所に、久しぶりに英国人の幼児が来るようになった。

ジャックという二歳児は、金髪の巻き毛をくるくるさせた、まるで天使が下界に降りてきたような外見の男の子だ。託児所に初めて来たときには、青い瞳をきらきらさせてミニカーの箱の中に手を突っ込み、「うわあ」「うわあ」といかにも子どもらしく興奮しながらミニカーを取り出し、全部床の上に並べて「駐車場！　おっきい駐車場ー」とか言っているので、

「この子、かわいいー」

とヴォランティアの学生が思わず声をあげたほどだった。

「この年頃の子どもはみんなかわいい。どの子もそれぞれ、みんなキュートです」

と託児所の副責任者である友人がたしなめていたが、この天使のようなジャックの母親は、二〇歳

のシングルマザーで、ドラッグ依存症から回復中である。緊縮託児所からそう遠くない場所に、さまざまな依存症と戦う女性たちを支援するセンターがあり、そこにも託児所があった。だが、この緊縮のご時世でそちらの託児所が閉鎖に追い込まれたため、ソーシャルワーカーを通じてジャックとその母親はわが託児所を紹介されてきたのだった。

長身のジャックの母親は、漆黒の長い髪に青白い肌、体にぴったりと張りつく服を身に着け、胸元や腕は色とりどりのタトゥーで覆われている。タイトなミニスカートから覗く長い脚は、関節の形がはっきりわかるほど細い。いまはもうドラッグは使用していないということだが、常に目線が実際に見るべき高さより一〇センチ低いというか、焦点が分散している。彼女はいつも、よれたジャージ姿の恋人と一緒にジャックを連れてくる。一〇代らしい恋人の男性は、スキンヘッドの頭皮にタトゥーを入れていて、眉や鼻にずらっとピアスを並べている。

わが緊縮託児所が「底辺託児所」だった時代、というか、公的資金を得て地元コミュニティのハブになっていた時代には、よく託児所に出入りしていたタイプのカップルだ。おお。久しぶり。とわたしなどは懐かしさを覚えたが、現在託児所を利用している母親たちは異なる反応を見せた。

託児所の現在の利用者は、本館で行われている移民向けの英語教室に来ている母親とその子どもたちである。つまり、移民・難民としてこの国に来た外国人だ。そして彼女たちが一番忌み嫌っているのが、どうもこの、いかにもテレビやタブロイド紙などに出てくるような外見とライフスタイルを持った（と推測できる）アンダークラス民のようなのだ。

英国のバンクシーというグラフィティ・アーティストのイラストに、「Ignorance（無知）という液体の入ったフラスコをFear（怖れ）という炎で温めるとHate（憎悪）という液体が試験管の中に抽出できる」という実験図を描いたものがあるが、この移民の母親たちのリアクションはまるでそれだった。このバンクシーのイラストは、パリのシャルリー・エブド襲撃事件の直後、欧州各地で高まるムスリムへの反感や差別の中で注目を集めた。しかし、この「ヘイト感情製造の構図」は、欧州人の移民に対する差別だけに当てはまるわけではない。移民のほうでも、行った先に住んでいる人々については無知なので、下手に恐怖心を煽られると、強いヘイト感情を抱くようになる。英国人とあまり触れ合ったことがない移民は、センセーショナルにタブロイド紙に書かれている下層民による犯罪や乱れきった日常生活など、ステレオタイプをそのまま鵜呑みにして必要以上にネガティヴな反応を示すことがある。

たとえば、緊縮託児所を利用している移民の母親たちの多くは、託児所の近くにある地域の公立小学校に子どもを通わせたがらない。当託児所が「底辺託児所」だった時代には、ほとんどの子どもたちが四歳になったらその学校に入った。だから毎年七月になると、九月から子どもたちの担任になるという教員たちが託児所を見学に来て、われわれスタッフと一人一人の子どもたちについて話をしたものだった。

「どうして入学させたくないんですか？　熱心な先生たちがいらっしゃいますよ」

と言うと、彼女たちは

「でも、学校に通っている子どもたちや親たちがちょっと……」

と答える。彼女たちの頭に浮かんでいるのは、一〇代の妊娠、ドラッグ、アルコール、暴力、ナイフ犯罪。といったイメージだ。

「それに、ああいう学校では外国人の子どもはいじめられる」

とも彼女たちは言う。「貧民街の学校はレイシズムが激しい」という移民どうしで囁かれる噂話も彼女たちが地元校を毛嫌いする要因になっている。

そんな彼女たちが一様に関心を示すのは「普通の学校より躾けに厳しい」と言われるキリスト教系の公立校だ。英国には、フェイス・スクールと呼ばれる公立宗教校があり、英国国教会、カトリック、ユダヤ教、イスラム教などの学校がある。アフリカやEU圏の国から来た母親たちはカトリックの洗礼を受けていることが多いので、子どもをカトリック校に入れるために足しげく教会に通い、神父と懇意になって紹介状を書いてもらい、貧民街から遠く離れたカトリック校に子どもを入れる。ヒンズー教徒の親たちの中にすら、子どもをカトリック校に通わせている人がいる。生徒数に空きがある学校だったので、カトリック信者の家庭でなくとも入学できたという。しかしそこは市の反対側にある学校で、送っていくのにバスで四〇分かかる。自分の信仰を曲げても、一日一時間半を子どもの送り迎えに費やしても、下層の英国人たちとは交わりたくないのだろう。

わが託児所の五年前の姿を考えれば、この状況はシュールだ。ここはもともと、まさに彼女たちが忌み嫌っているタイプの英国人が利用していた場所で、移民こそがマイノリティだった。むかしだって、こういうヘイト感情や、揉め事がなかったわけではない。しかしあの頃は、利用者の人数が多くて活気があったせいもあり、「見た目は怖いけど話してみたら結構ひょうきんでいい人だった」とか、「生活はちょっと乱れてるみたいだけど、優しい人」とか、移民と下層の英国人たちが生身で触れ合い、会話することによってステレオタイプとは違うものを垣間見るというか、じーんとするようないい話も生まれたものだった。

ところが、二〇一五年の緊縮託児所では、移民がマジョリティで、下層の英国人がマイノリティだ。そしてマイノリティの数が少なすぎるがゆえに、まるで五〇年前の英国のような時代錯誤な差別が起きているように感じられる。

九月に英国労働党の党首になった反緊縮派のジェレミー・コービンは、よく「ソーシャル・クレンジング」という言葉を使う。投資ファンドや海外の富裕層が家を買い漁り、公営住宅地までもが投資家に売却されて消えて行くロンドンは、労働者階級の人々の姿が見えない街になっているとして、彼は「ソーシャル・クレンジング」という言葉を用い、その状況に警告を発している。

「ソーシャル・アパルトヘイト」だの「ソーシャル・レイシズム」だの「ソーシャル・クレンジング」だの、以前は民族や人種による差別を表現するために使用されていた言葉が、階級差別を表現するために使われるようになってきた。「アパルトヘイト」や「エスニック・クレンジング」といった極端な言葉まで階級差別にスライドさせて使われるようになってきた背景には、英国社会がいかに底辺層を侮蔑し、非人道的に扱っているか、そしてそれが許容されているかという現状がある。それはまた格差を広げ、階級間の流動性のない閉塞された社会をつくりだした新自由主義のなれの果ての姿とも言えるだろう。

新天地で英語を学び、職を見つけたい、子どももできるだけいい学校に入れたい、という移民の母親たちには向上心がある。彼女たちにとって、人生はこれから始まるのだ。だから彼女たちは、自分たちの出身国よりも何倍も恵まれた環境に生きているように見えるのに、何の向上心もなく、あたら人生を無駄にしているように見える底辺層の英国人のことがまったく理解できない。そして理解できないものに触れ合う機会がないと、「わからないもの」は「モンスター」になる。

またどこからそんな極秘情報が洩《も》れるのか不思議だが、彼女たちはジャックの母親がヘロイン依存症だったことや、ジャックの前にも女児を出産しているが養子に出したこと、現在もソーシャルワーカーに要注意家庭と見なされていること、などを聞きつけて英語教室の講師に抗議してきた。

「ああいう子どもが来ている託児所には安心して子どもを預けられないって、言ってきたのよ」

と英語教室の講師がわたしに言った。

「ああいう子どもって？」

とわたしは答える。

「ジャックっていう子は、暴力的で他の子どもたちにとって危険だって母親たちは言ってる」

「それは嘘です。ジャックはとてもいい子です。たまに、ちょっとくるくる旋回するけど」

「旋回？」

金髪の巻き毛の天使のようなジャックは、何かの拍子にいきなり暴発することがあった。アンガーマネジメントが必要だな、と思える幼児たちの怒りの出力法はさまざまだ。他人に暴力を振るう子もいるし、物を破壊する子や、自分の体を傷つけようとする子もいる。が、ジャックの場合は「ひゅうーーーー、ううう一一一ー」という形容しがたい超音波のような高音でわめきながら両手を広げてくるくる回り始めるのだった。

最初に見たときは、わたしも動揺した。けっこう速いスピードでスピンするし、手や体が何かにぶつかっても彼は回り続ける。周囲で遊んでいる子たちも危険だし、何より本人が危ない。これがジャックの怒りの出し方であれば、体を押さえて無理矢理に止めようとするのは逆効果で、かえって本人を興奮させる。

「テーブルを動かして、スペースを作って」

と他のスタッフに言いながら彼の周囲にあるものをすべて移動し、付近で遊んでいた子どもたちを離れた場所に避難させた。まるで突如としてやってくる竜巻のようだが、そうやって二分も旋回するとジャックは床に大の字になって倒れて静かになり、ぼんやりと天井を見上げている。さっきまでの甲高いわめき声と猛烈なスピンが嘘のように穏やかになっている。

五年前のこの託児所には、アンガーマネジメントが必要だと思われる子どもがたくさんいた。くるくる旋回どころではない凶暴な怒りの放出をする子も何人もいたが、そういう状況を見たことがないらしい外国人の子どもたちは目に見えて怯え、棒立ちになってジャックを見つめていた。

それ以降はジャックが託児所に来るときには一対一で必ず誰かがつくようにし、プレイルームにできるだけ広いスペースを作り、彼が旋回を始めても顔色を変えず、冷静な態度で対応して他の子どもたちをパニックさせないようにした。そういう雰囲気ができあがると、ジャックのくるくる旋回も日常のワンシーンとなり、子どもたちも彼がスピンし始めると自分から被害に遭わない場所に移動したりして、たいしたこととは思わなくなってきたようだった。

けれども、子どもたちの親は違った。きっと子どもたちからジャックの旋回のことを聞き、「モンスター」の子どもがやっぱり反社会的に暴れ始めたと思っているのだ。

「ソーシャルワーカーとも話していますが、あれはいまのところ彼の癖のようなものだし、誰かに危害を与えているわけではないので、無理に止めれば逆効果です。子どもたちはもう慣れていて、冷静に対応しています。彼にぶつかられた子も、怪我をした子も、これまで一人もいません。それに、わたしたちのほうでも彼がどういうことをきっかけに旋回を始めるかわかるようになってきたので、いまは本人も落ち着いてきていて、そういうことは減っています。わたしは民間の保育園でスペシャル・ニーズを持つ子どもたちを担当していましたが、今回のケースはとてもうまくいっているケースだと思います」

わたしがそう言うと、英語教室の講師がため息をついた。

「偏見というのは、同じ言語を母国語にする者どうしでもあるものだけど、これが言語を同じくしない者となると、突破口を見つけることは本当に難しい」

「もう少し、英国人の託児所利用者も増えるといいと思うんです。五年前はたくさん来ていたのに……」

とわたしが言うと、英語教室の講師は紅茶のカップをテーブルから持ち上げて言った。

「そちらはそちらで、きっと移民の親子ばかりになったから託児所に来にくくなったんでしょう」

「やっぱりそれが、ここに出入りする英国人の数が減った理由なんでしょうか」

「地域の人々が分断されていく姿は、見ていてこころが冷えていく思いがします」

地域校に子どもを入れたがらない移民の母親たちは、緊縮託児所を底辺層の英国人がまったく存在しない場所にしたいようだった。「ソーシャル・クレンジング」という言葉は、奇妙にねじれた形でここにも当てはまる。

移民の母親たちは「うちの子がジャックを怖がって託児所に行きたがらないから、もう英語教室に来られなくなるかもしれません」というようなことを言い始めているようだ。生徒数が減れば、英語教室は運営できなくなるので、講師やセンター側も何らかの対応をしなければいけなくなると思っているのだろう。


ジャックはいまでもくるくる旋回をやる。

とは言え、一日に二回はやっていたのが、一回になり、いまは週に一度程度になった。

そういえば先日、託児所の庭で面白い光景を見たのだった。

庭の真ん中でいきなり「ひゅーうーーーー、ううううううう」とわめきながらスピンを続けたジャックがいつものように大の字になって寝転がった瞬間、砂場で遊んでいたアフリカ系の女児と、ポーランド人の女児が、だっとジャックのほうに走ってきて同じように大の字になって地面に寝ころんだのである。二人はクスクス笑いながら、

「イッツ・ナイス！」

「イエース！　ナイス！」

「ナイス！　ナイス！」

と言って空を見上げている。

「いいねえ、なんか気持ちよさそう」
と言ってわたしも彼女たちの脇に大の字になって寝ころぶと、女児たちはいよいよ大声で笑い始めた。それを見ていた他の子どもたちも、ある者は三輪車から降り、またある者はブランコから飛び降りてこちらに走ってきた。彼らもゲラゲラ笑いながら次々と地面に寝転がる。

すると、いつものように放心してぼんやり宙を見ていたジャックが、周囲の異変に気づいて頭を持ち上げた。自分と同じように大の字になって寝転がっている子どもたちの姿を見て、ジャックもつられて笑いだし、いかにも嬉しそうに手足をバタバタさせている。いつも孤立しているジャックが、他の子どものすることに反応を示したのは初めてのことだった。

それを見てこちらも愉快な気持ちになり笑っていると、庭の柵の向こう側から英語教室を終えた移民の母親たちが不審そうな顔をしてこちら側に歩いてきているのが見えた。

問題、山積。

と思いながらわたしは起き上がった。

ふと見下ろせば、手足を思い切り伸ばして大の字になった子どもたちの姿は、地べたに落ちてきた星々のようだった。

星々のあかるい笑い声が、一つになって初秋の午後の庭にこだましている。

ふぞろいのカボチャたち

2015.10

英国の幼児教育のフレームワーク、EYFS（Early Years Foundation Stage）には「個人的、社交的、そして感情的な発育」、「コミュニケーション能力と言語」、「身体能力」、「周囲の世界に対する理解」、「読み書き」、「芸術表現とデザイン」、「算数」という七分野のカリキュラムが存在する。で、英国の保育士または地域の保健師には、子どもたちが二歳になったら各分野での成長度のアセスメントを行うことが義務づけられている。

さらに五歳時にも、小学校教員がふたたびこれらの分野でのアセスメントを行うのだが、英国には二歳時と五歳時における望ましい到達度というのが具体的に存在し、それを子どもたちに達成させるための詳細なカリキュラムがある。だから保育士は日常的に子どもたちの発育を測定し、きちんと文書にして残しておかねばならない。英国の保育士の仕事で最も大変と言えるのがこの文書の作成であり、一人一人の子どもたちの発育度をじっくり観察する「オブザベーション」と呼ばれる時間の確保だ。幼児というのはしょっちゅうつまずいて転んだり、玩具を奪い合って暴行したり、「これ、そこに落ちてたよー」とか言って人糞をてのひらに載せて報告にきたりするものだから、椅子に座ってオブザベーションを行ったり書き物をしたりするのは至難の業だ。

このようにして英国の幼児教育施設を「子どもを預かる場所」から「子どもを教育する場所」へ変化させようとしたのは、トニー・ブレアが首相だった頃の労働党政権だ。就学時にはすでに歴然として存在する子どもたちの発育格差を是正しようとしたのだが、労働党政権が定めた乳幼児教育課程EYFSは「ナッピー（オムツ）・カリキュラム」と呼ばれ、リベラルな人々からは「〇歳時からの教育課程は危険」と批判された。

とはいえ、国のほうでも、就学年齢に達していない子どもたちに算数や読み書きをガンガン教えろと言っているわけではない。最も重視されている分野が「個人的、社交的、そして感情的な発育」、つまりエモーショナル・インテリジェンスである。「エモーショナル・インテリジェンスの発達がまず先にあり、その上でアカデミックな知識を与えなければいけない」というのが英国の教育の基本だからだ。

緊縮託児所でも、伝統的にこの分野には特に力を入れてきた。昔からよくやっているのが、人間の表情についての教育だ。怒っている顔、泣いている顔、困っている顔の絵やカードを使い、そうした顔をしている人間はどういう気分なのか、また自分自身がそういう気分のときにはどういう表情をすれば他者はわかってくれるのか、ということを幼児に教える。この教育法はちょっと演劇的でもあり、さすがシェイクスピアの国だと思うが、この国では感情をうまく隠すスキルより、感情を他者に正確に伝えるスキルのほうが重視されるのだ。

だが、さまざまな問題を抱える家庭で育っている幼児は、他者の感情を理解したり、自分の感情を伝えるのが苦手なことが多い。その一方で、「苦労人」ならぬ「苦労幼児」たちはやけに早熟であることもあり、こうした情操教育に懐疑的スタンスを示す子どももいる。

「ふん。バッカみたい」

最近、そういうことを言うませた子が託児所に来るようになった。ケリーというこの四歳児は、「くるくる旋回児」のジャック同様、依存症の女性たちを支援する慈善施設からうちの託児所を紹介されてきた。

「笑うときはどんな顔する？　みんなで一緒に笑ってみよう。はははは」

とラウドに笑ってみせると、移民の子どもたちはだいたい素直に真似をしてくれる。シャイな子は「いったい彼らは唐突に何をしているのだ。自分には理解不能である」というような暗い目をして怯えているが、これらは健康なリアクションだ。

が、ケリーは違う。何ダサいことやってんの、このババア。と言いたげな不敵な目をしてわたしを見上げているのだ。その視線は彼女を託児所に連れてくる姉に似ていた。もう一〇年以上もドラッグとアルコールへの依存症と戦っている母親に代わって、高校生の姉がケリーの面倒を見てきたと聞いている。真っ黒に染めた髪をポニーテールにまとめて大きな円形のピアスを下げ、お尻が出るほど短い制服のスカートをはいてやってくるケリーの姉は、いつもガムをくちゃくちゃさせて仏頂面をしている。ケリーの無表情さはまるでそのミニチュアのようだ。

さまざまな表情をした人々の写真を壁に貼って、それを指さしながら、

「これは笑ってる顔だねー。みんなはどんなときに笑うかな」

と子どもたちに尋ねると、移民の子どもたちからは屈託のない答えが返ってきた。

「楽しいとき」

「チョコレートもらったとき」

すると、ダークな目をして部屋の片隅に座っていたケリーが言った。

「人を殺したとき」

「へっ?」と彼女のほうを見ると、ケリーは愉快そうにへらへらっと笑った。わたしはできるだけ毅然とした態度で言う。

「聞こえなかったなあ。大きな声で言って」

ケリーはこちらが動揺していないことを見て取ると、ふん。といった感じで面白くなさそうに脇を向いた。

依存症の女性たちをサポートする慈善施設の託児所が閉鎖になってから、緊縮託児所に紹介されてくる地元の英国人の子どもたちが増えている。増えたといっても四人来るようになったというだけの話だが、これが移民の子どもだらけだった託児所内のバランスを明らかに変えている。

「移民の子どもたちのほうが明るいというか、彼らのほうが幸福な子どもたちに見えるというのは不思議な発見です」

大学で心理学を学んでいるというヴォランティアの青年がそう言った。

「移民の家庭は、親も子もわかりやすい反応をするからね」

わたしが言うと、ミドルクラス風の美しい発音で英語を話すその青年は言った。

「どんなにプアでも、過去より未来のほうがよくなるんだと信じられる人々のほうが幸福度は高い。でも、それがこんな年齢の子どもたちにまで当てはまるとは……」


表情教育の一環として、ハロウィンのカボチャのコラージュをすることになった。円形の紙皿をカボチャに見立てて、オレンジ色の絵の具を塗って、各自がその顔を拵《こしら》えるという工作コーナーを作ったのだ。まず、わたしがスタンダードなハロウィンのカボチャの表情を拵えて、

「これはどんな顔？」

と聞いてみる。

「口は笑ってる」

「でも目は笑ってない」

「怖い顔。ハロウィンだから」

などの愛らしい答えが外国人チームからは返ってくる。が、地元英国人チームは人の話など聞いちゃいない。てんでまとまりのない地元チームの様態はまさに五年前の託児所のようだ。しかし現在の託児所にはまとまりのある陣営も存在しているので、なかなかこれがやりにくい。

家で厳しく躾けられているアフリカ系やパキスタン系、東欧系などの移民の子どもたちは、手本どおりに紙皿にオレンジの絵の具を塗り、ボタンや布やミルクボトルの蓋などを使って目と鼻のような

ものを作り、フェルトペンで口を描いたりして顔らしきものを作り始めた。が、地元の英国人の子どもたちとなるとこれがもうアナキーで、カボチャのヘタ用に準備していた茶色の絵の具を紙皿全体に塗りたくって「俺の父ちゃんの糞。それはでかい」と呟いている者、接着剤が入ったカップの中に筆を突っ込んで紙皿の上にぽたぽた接着剤を落とし、したたり落ちていく液体をトランス状態で何分間もじっと見ている者、テーブルの上にミルクボトルの蓋を並べて貼りだした者など、収拾のつかない状況になっている。

「あんなことしていいの!?」

「ああーっ、テーブルに貼ってるー」

と移民チームの女児たちが騒ぎ始めたので

「そんなことしちゃダメですよ」

と一応叱るが、われながらその声に説得力がないのを感じていた。

いや、わたしは実はこういうのは大好きなのである。

アートにはセラピー的な側面があるというが、家庭でいろいろと面倒くさい問題を抱えた子どもたちが何かを作ることに熱中している姿にはどこか迫力のようなものがあり、カタルシスさえ感じさせる。五年前なら彼らの好き放題にやらせたところだが、現在の託児所ではそうもいかない。なぜなら託児所で一番年長のチェコからきたアンナが

「やめなさい」

と言って、アナキズムを展開している子どもたちから筆や接着剤を取り上げ始めたからだ。

「ちょっと待って、アンナ。カボチャの顔は一つじゃないよ」

とわたしは彼女を遮った。

「わたしが作った見本はよくあるハロウィンのカボチャだけど、全然そうは見えないカボチャもクールだ。それぞれが作りたいカボチャを作ればいいんだよ。ただ、机の上にミルクボトルの蓋を並べて貼るのはやめてね、ケリー。後で掃除が大変だから」

わたしはケリーにふたたび接着剤が入ったカップを渡し、筆を取りあげられた子どもにも筆を握らせた。

ケリーは「なんだよ、このアマ」と言わんばかりの目つきでアンナをにらみつけ、チッと舌打ちした。チェコで舌打ちのジェスチャーが何を意味するのか、もしかすると英国と同じことを意味するのか、または意味はわからないけど本能的にバカにされたことがわかったのか、アンナがいきなり椅子の上のケリーを押し倒した。いつも優等生でリーダー格のアンナがこんな暴力的な行動を取ったのは初めてだった。

「アンナ、どうしてそんなことをするの！」

と叱ると、床に転がっているケリーではなく、彼女を転ばせたアンナが泣き出した。悔しそうに号泣する彼女を部屋の隅に連れていき、床に座らせて
「ノー！　人を押すのはダメでしょう」と説教しつつ、
ああでも、この子はこの子なりに正義だと思ってやったことをわたしに頭から否定された感じだったんだよなあ。難しい状況になってきちゃったなあ。

と思いながら、アンナを叱っているくせにハグしてやりたいような取り散らかった気分でテーブルのほうに目をやると、ケリーが「アホくさ」と言わんばかりの目つきでこちらを見ていた。

「なんか、どうして戦争が起きるのかわかってきたような気がする」

託児所を閉めた後で副責任者の友人に言うと、くすっと彼女が笑った。

「中東から来た私にそんなことを言う？」

そういえば、イラン出身の彼女は、一〇代の頃には国が戦時中だった人だ。

「ああ、軽率でした」

とわたしが言うと、友人は笑いながら言った。

「小競り合いの性質が昔とは違うもんね。国際的になりすぎて揉め事も大変」

「それそれ。多様化しすぎっていうか」

「やりづらくなった」

「うん」

「でも、やる価値はある」

彼女の言葉にわたしも頷いた。その「やる価値」を一番知っているのはわたしたちのような外国人保育士だからだ。

幼児教育の一大改革を行ったブレア時代の労働党政権は、その指針の一つに外国人保育士を増やすことを掲げていた。外国人を多く雇っている幼児教育施設はダイヴァーシティ教育を推進しているとして、OFSTED（英国の教育施設監査機関）から高い評価点をもらえるようになったのである。わたしや友人が保育士の資格を取ってこの仕事を始めたのもその時代だった。

「白、黒、抹茶、あずき、コーヒー……」の名古屋のういろうのCMでもあるまいし、いろんな色を取り揃えたからといってどうなるというのだ、と最初わたしは思っていた。が、長くこの仕事をするようになるとその意味がよくわかるようになった。たとえば、白人以外の大人と至近距離で触れ合ったことのない一歳児や二歳児が保育施設に初めて連れてこられると、わたしのような肌の色や顔立ちが明らかに違う人間が近寄ると大泣きし、化け物でも見たかのようなリアクションを示すことがある。そんな子どもの「ならし保育」の担当に回されたときは悲劇である。わたしを見て腰を抜かしたようになり、全身をヒクつかせながら教室の一番端まで這いつくばっていく子や、あまりの衝撃に涙と尿と吐瀉物といった体内の水分をすべて噴出させた子もいた。そういう場合にはもうこちらがどれほど努力しても無理であり、白人の保育士に交代してもらうしかない。が、そういう経緯で始まった子ほど小学校に進む頃には一番なついていたりして、卒園するときには互いに泣きながらハグしていたりする。

いろいろな色を取りそろえる意味は、やはりあるのだ。そしてそれは保育士と子どもたちの関係だけではない。「レイシズムはやめましょう」「人類みな兄弟」とプラカードを掲げていくら叫んでもできることはたかが知れている。社会が本当に変わるということは地べたが変わるということだ。地べたを生きるリアルな人々が日常の中で外国人と出会い、怖れ、触れ合い、衝突し、ハグし合って共生することに慣れていくという、その経験こそが社会を前進させる。それは最小の単位、取るに足らないコミュニティの一つから淡々と始める変革だ。この道に近道はない。

託児所内部でのケリーとアンナの抗争も激化してきた。先日も庭でアンナがぎゃーぎゃー泣いているのでどうしたのかと走っていくと、どうもケリーが二歳児から三輪車を奪って強硬に跨《また》ろうとするのでアンナが怒り、三輪車の奪い合いになってケリーがアンナを叩いたということだった。移民チームの連帯は固く、女児も男児もアンナがいかに正しいかということをわたしに主張した。いや実際、ほとんどの場合、正しいのはこちらのチームだ。何を教えてもすぐに上手になるのもこちらのチームである。移民や難民について「よその国の福祉で楽に暮らすために来ている」などという人はあまりに現実を知らなさすぎる。欧州に来る移民は自らの能力を発揮するために国境を越えて来る、勤勉で上昇志向の強い人々だ。

「暴力はいけませんよ」とひとしきりケリーに説教をして、やれやれ、と思いながらベランダで乾していたカボチャの工作を取り入れた。

なんといっても異彩を放っているのはケリーのカボチャだ。テーブルにミルクボトルの蓋を貼りつけるなと言われたケリーは、反抗心からなのか紙皿の上に余白がなくなるほどびっしりミルクボトルの丸い蓋を貼りつけている。草間彌生の作品かと見紛うようなおどろおどろしいそのカボチャを他の子どもの作品と間違うはずはなかったが、一応名前を書いておこうと思って紙皿を裏返し、あっ、と思った。

顔が描かれていたのである。顔らしきもの、と言ったほうがいいかもしれない。右から左に若干垂れ下がった線状の口と歪んだナメクジみたいな形の二つの目。どんな顔をしているのか判然とせず、無表情だ。が、両目の下から点、点、点、と点線のようなものが垂れていた。泣いている。と思った。「サッド・フェイス」だ。ケリーも他の子どもたちと同じように人間の感情を表す顔を紙皿の裏に描いていたのである。

小さな手でみしっと心臓をつかまれたような気分になった。そして紙皿を胸に抱いてベランダから庭を見下ろすと、ケリーがまた三輪車を強奪する現場が見えた。泣きだす被害者、ペダルを漕いで走り出すケリー、握った拳をわなわなさせながらケリーに近づいていくアンナ。やれやれ、と思いながらわたしは庭に降りていく。

最近は、もっぱらこの繰り返しである。

クールでドープな社会変革

2016.1

四歳児ケリーの姉は、もう義務教育を終える年齢のティーンである。いかにも反抗的な目つきをして（妹もそっくりの目つきをする）、またいかにも下層の不良少女然とした恰好をし、これまたいかにもワルそうなボーイフレンドを連れて託児所に妹を迎えにくる。

二〇〇九年に英国公開（日本公開は二〇一二年）された『フィッシュタンク』という映画があり、英国の下層のティーン文化を知りたければ若干ステレオタイプ的とはいえかなり正確に描かれていると思うが、あれに出てくる一〇代の主人公ミアのファッションは、六年過ぎたいまも下層社会の不良少女のそれを忠実に表している。ピッチブラックに染めた髪に大きなリング状のイヤリング。学校に行った日はスカートが超ミニ丈の制服でさぼった日はトラックスーツという名のジャージ。ケリーの姉のヴィッキーは、まるでミアのカーボンコピーだ。

二人はずいぶん年齢の離れた姉妹だが、実は彼女らの間にも二人の男児がいたらしい。が、それぞれ父親が違うので、ソーシャルワーカーが家庭に出入りするようになると、少年たちは父親と一緒に生活するようになったという。ヴィッキーとケリーも父親が違うが、彼女たちの父親は娘を迎えにこなかったらしい。

そんな経緯もあるからか、ヴィッキーはコワモテのティーンながら、やけに妹の面倒見はいい。時々、託児所が終わった時間帯に二人で庭で遊んでいることがあるが、ヴィッキーは妹と一緒にシーソーに乗ったり、隠れん坊をしたりしていつまでも走り回っている。

「緊縮が始まる前の時代だったら、間違いなくすぐに福祉が引き取っていた子どもたちだろうけど、ああやって一緒に遊んでいる姿を見ると、いろいろあってもあの姉妹は互いにとって大事な存在なんだと思う」

最近、託児所の責任者に昇進したばかりの友人が言った。昇進した、といっても彼女と一緒に共同責任者を務めていた女性が「これではとても食べていけない」と言って転職したから自然にそうなったのだが、これでアニー時代の託児所から現在まで残っているスタッフは友人とわたしの移民コンビだけになってしまった。英国人スタッフの隅に座っていたわたしたちが託児所を仕切るなど当時は想像もしなかったが、この人口統計学上の劇的な変化は英国全体の縮図にも見える。

そんなある日、託児所を閉めた後でプレイルームの玩具をミルトン消毒していると、ふらっとヴィッキーがケリーの手を引いて戻ってきた。

「妹のフディーがバッグに入ってないんだけど」

フディーとはスウェット地のパーカーのことだ。

「ああ、部屋の中で脱いでたね、そう言えば」

わたしが本棚の脇にラベンダー色のパーカーを見つけてヴィッキーに差し出すと、彼女が唐突に言った。

「託児所で働くの好き？」

「は？」

「いやこういう仕事って楽しいのかなと思って」

「楽しいことばかりじゃないけど、何と言ったらいいのか……、クリシェかもしれないけど、やっててよかったと感じる瞬間はあるよ」

「ふーん。じゃーねー、バーイ」と言ってヴィッキーは帰っていった。彼女の後ろで女性ラッパーみたいに腕組みしてこちらを睨みつけていた四歳児のケリーも、トコトコ慌てて姉の後を追いかけていく。

あれはいったい何だったんだろうな。と思っていると、数日後、託児所責任者の友人が言った。

「ヴィッキーが今年七月に学校を卒業するんだけど、いまソーシャルワーカーや学校の先生と進路について話し合っているようで……」

ああ、それで先日の会話になったのか。と思っていると、

「彼女は子どもが好きだから、うちで何度かヴォランティアさせてみないかって言うの」

「うん」

「学校が終わってからうちに来てもらって、ちょっと本を読んでもらおうかなと思って」

「いいんじゃない？　うちの託児所、ネイティヴな発音で子どもたちに絵本を読み聞かせられる人材がいよいよ不足してきたし。ははは」

と答えたが、こりゃまた一悶着あるな。と思った。英語教室に通っている外国人の母親たちが平素ヴィッキーを見るときの、まるで汚物か何かを見るようなドン引きした様子を知っていたからだ。それでなくとも地元の貧民街に住むちょっとガラが悪げな英国人を敬遠している彼女たちである。「下層のティーン」と言ったらもう彼女たちにとっては英国きっての悪魔、ブロークン・ブリテンの元凶だ。ヴィッキーのような不良少女ファッションのティーンがヴォランティアなどと言ったらえらいことになりそうだ。しかも、絵本の読み聞かせタイムは託児所を閉める直前なので、母親たちが子どもを迎えにくる時間帯でもある。

「もう一六歳になっているからDBSチェック（子どもを相手に働く人に義務づけられている犯罪履歴調査）を受けてもらって、クリアになったらすぐ来てもらうから」

という友人の言葉を聞き、わが友ながらなんという度胸のある人間であろうかと感心したが、やはりヴィッキーの絵本読み聞かせコーナーは初っ端《しょぱな》から外国人チームの母親たちの抵抗に遭遇した。

その日の託児所は英国人幼児三人、移民幼児五人の計八人のメンバーだった。早めに子どもたちを迎えにきた親たちは、託児所内部に入って読み聞かせが行われている小部屋の後方で待機するのが通常の光景だが、外国人の母親たちはまず啞然とした表情をし、次に眉間に皺を寄せ、じりじりした表情で壁の前に立っている。

ヴィッキーの読み聞かせはとてもうまかった。大きな声でハキハキと外国人の子どもにもわかりやすい英語で読み、読み聞かせが終わったら、子どもたちの読解力を試すため、いくつか質問すらしている。

「ヴィッキー、グッド・ジョブ！」

「うまいじゃん。すぐにでも保育園に勤められるよ」

英国人の母親たちは彼女に優しく声をかけた。彼女たちは、みな依存症の女性たちを支援する施設内の託児所を利用していた人々なので、互いをよく知っているのだ。外国人の母親たちは無言で引き揚げていったが、英語教室のレッスンで、早速講師に激しく抗議したという。

「心配で託児所に子どもを預けられなくなるとか、もう英語教室に来られなくなるとか言っているらしいよ」

英語教室講師とミーティングした後でわたしが友人に報告すると、彼女は、ふふんと笑った。

「また脅し作戦」

「それそれ」

「やめる、やめるって言って絶対にやめないのだから、放っておけばいいの」

と友人は言った。

「何でも自分たちの思い通りになると思ったら大間違い。ここは元々、地元の問題を抱えた家庭の子どもたちを支援するための託児所なんだから、今回のヴィッキーのサポートなんかはうちが一番うちらしい仕事をしていると言える」

と言う友人は自信に満ちていた。

「いま一瞬そこにアニーが立ってるかと思ったよ」

わたしが言うと友人はにっこり笑った。

が、翌週、わたしと友人が託児所で午後のセッションの準備をしていると、外国人チームの母親たちが集団で直訴にやってきた。

「一六歳の子どもが子どもを教えることは法的に許されるのですか」

「彼女のような若者が子どもを相手に働くことが相応《ふさわ》しいという審査はどのようになされているのですか」

彼女たちは友人を質問攻めにした。

ヴィッキーは保育の仕事に興味を持っていて、学校の教員やソーシャルワーカー、うちのセンターのファミリーサービス職員らが話し合った結果、進路を決める手がかりとして託児所で朗読をしてもらうことになったことや、一六歳になれば法的にはアプレンティス制度（見習い制度）で保育施設に勤めながら資格を取得することは可能であるということ。彼女は然るべき犯罪履歴調査を受けていて、何の問題もないと判明したことなどを友人は優しく、しかし有無を言わせない口調で説明していった。

母親たちのどんよりした目つきからは「あなたがたとえどんなことを言っても私たちは一貫して意志的に理解しません」といった気配の頑なで濁った空気が立ち昇っている。

「あの子の妹も暴力的ですが、姉のほうについてもいろいろよくない噂を耳にしています」

とインド人の母親が言うと、脇からロシア人の母親も言った。

「問題のある家庭の子どもたちが増えると、私たちは安心して子どもを預けられない」

問題のある家庭の子どもたち！

母親たちの背後でアート用のテーブルに小麦粉を撒いて粘土の塊を並べながらわたしは思った。そもそもここは地元の問題を抱えた家庭とその子どもたちのために作られた託児所だったのだ。それが政府が緊縮で補助金を切ったり、民間企業からの寄付の金額も冷え込んだりで、現在は政府から唯一補助金が出る移民向け英語教室の託児所のようになってしまったが、だからといってここは移民のためのサンクチュアリを提供するために作られた場所じゃない。どこの人間だろうと関係なく、問題を抱えた人々、助けを必要とする家族が来る場所だったのだ。わたしはそう思いながら粘土の塊にフォークを突き刺していった。

母親たちの集団の後方に立っていたポーランド人が笑った。

「それ怖いー」

「子どもたちは大喜びですよ。グッサリてっぺんに刺して遊んでいます」

わたしが言うと周囲の母親たちが笑った。

「ねえ、あなたも外国人だからわかるでしょう？」

母親の一人がわたしのほうを見て薄笑いしながら言った。

「は？　何がですか？」

わたしはそう言ってフォークの脇にプラスティックのナイフも突き立てていった。

「私もミカコも九年前からここで働いています。あの頃は、スタッフも保護者も子どもたちもほとんど英国人でしたから、私たち外国人はマイノリティでした。でも、私たちはまったく他のスタッフと同じように迎えられました。どこの人間でも、どんな人だろうと、どんな問題を抱えていようと歓迎する。ここはそういう理念のもとに作られた託児所です。たとえスタッフは変わっても、私たちのスピリットは変わりません」

友人が前方でぴしゃりとそう言った。

ほんとにだんだんアニーに似てきたな。と微笑しながら、わたしは粘土あそびテーブルのセッティングを続けた。

やれ難民問題だ、白人とムスリムの衝突だ、などというニュースは世界で起きていることのほんの上っ面しか伝えていない。有機物である本物の社会の内側で起こっていることはもっとディープだ。地元の英国人を排除しようとする移民を叱り飛ばしているムスリム女性がここにいる。

時間になったので母親たちは英語教室に向かい、いつものように託児所での午後のセッションが終わりに近づくと、ヴィッキーがやってきた。その日は“We Are Going On A Bear Hunt（きょうはみんなでクマがりだ）”という英国の保育施設では定番中の定番の絵本を読んでいた。擬態語や擬声語が多く、アクションつきで読むと子どもたちが喜ぶので、わたしや友人もよく読み聞かせする本だ。が、なめらかな英国人のアクセントでちょっとラップ調にリズミカルに朗読されると、子どもたちはまるで新しいストーリーを聞いているようにじっと聞き入っていた。

いつもアクションをつける箇所に差し掛かると、子どもたちが手を上げたり下げたり、指を振ったりして自然にアクションを始め、ヴィッキーも後追いで子どもたちのアクションを真似た。物語の最後でクマが追いかけてくるシーンでは、子どもたちが身を固くして緊張しているのがわかった。クマが諦めて帰ったラストシーンでは、「よかったー」「フーッ」と声を出す子もいた。

「クールだろ、この話。アタシも子どもの頃、大好きだった。言ってごらん、クール！」

とヴィッキーがハスキーな声で言うと、子どもたちも
「クール！　クール！　クール！」

とはしゃいでいる。子どもたちはすでにヴィッキーを好きになり始めている。

「クールってどういう意味？」

とチェコから来たアンナが聞いた。

「クールってのは、ブリリアントでスペシャルでアタシはそれが大好きだってことだよ。ドープって言葉もあるけどね」

「ドープ、ドープ！」とまた子どもたちが騒いでいる。

「でも、そのクマ可哀そう」

と唐突にアンナが言った。

「だって、クマはほんとはみんなを食べたいんじゃなくて、一緒に遊びたかったのかもしれない」

以前、わたしがこの本を読んだとき、誰かがそう言ったので「それはすごくいいことに気づいたね」と褒めたことがあった。きっとアンナはそのことを覚えていて、同じ言葉を言っているのだろう。優等生タイプのアンナはこういうことをよくやる。が、そんなことは知らないヴィッキーは瞳を輝かせた。

「それはドープな質問だ！　アタシも子どもの頃、実はそう思ったんだ。だってこのクマの後ろ姿、

なんかサッドだもんね。クマは見た目は怖いけど、本当は寂しいのかも」

わたしは子どもたちを迎えにきた母親たちのほうを見た。敵対心剝き出しの顔をした母親たちの中で、ポーランド人の母親は微笑していた。インド人の母親も彼女のほうを振り向く娘に、ちゃんと先生の話を聞きなさいという風に顎で合図している。

変化とは、こうやって起こる。

一人、そして二人が最初に変わり、それが三人になり、五人、一〇人に増えてコミュニティが変容する。その兆しがわずかだが確かに見えてきた。

友人のほうを振り返ると彼女もわたしを見て微笑しながら頷いた。

英国の保育施設のルーツは、マーガレット・マクミランが始めたナーサリー・スクール（保育学校）だ。マクミランは社会主義者であり、ファビアン協会のメンバーだった。ウィリアム・モリスやウィリアム・トーマス・ステッドの影響を受けて社会運動に身を投じた彼女は、ブラッドフォードやデプトフォードの貧困地域で子どもの健康や生活を向上させるために活動を続け、幼い子どもたちの工場労働に反対し、産業革命によって労働者階級の人々から情愛やヒューマニティが失われ、親たちが平気で子どもを工場で長時間働かせるようになったと嘆いた。

幼児教育者であり、一人のアクティヴィストだった彼女は、労働者階級の子どもたちも上層階級の子どもたちと同様に「遊びと教育」、そしてそれを可能にする健康的環境が必要であると説いた。そしてその理念にもとづき、現在の保育施設の母体となる保育学校を作ったのである。

そう考えると英国の保育施設はたんに子どもを預かり、教育する場ではない。ミクロレベルで社会を変えるための運動の場だ。

などという大層な概念を思い出す場面は日常の業務の中では稀であり、オムツが外れたばかりの子が疑わしき色彩の粘着質の物体を点々と床に垂らして歩いている姿に阿鼻叫喚となったり、三輪車による人身事故に巻き込まれて足の小指の爪が割れるといった傷を負うこともある。が、こんな暴力的で野蛮な職場をヴィッキーはけっこう気に入っているようだ。

「どう？　読み聞かせ、エンジョイしている？」

と聞いてみると、ガムをくちゃくちゃさせながらジャージ姿のヴィッキーは言った。

「うん。クール」

クールってのはスペシャルでブリリアントで大好きってことだと彼女は解説していたな、と思った。

「ふだん楽しいと思うことはあまりないけど、ここに来るのは、ドープ」

と言ってヴィッキーは「バーイ」と手を振り帰っていった。

託児所という社会変革の場はクールでドープ。

マーガレット・マクミランの精神はラップの時代にも健在である。

ギャングスタラップ児とムスリム・プリンセス

2016.2

一か月ほど日本に帰国した。で、薄ぼんやりした灰色の空が広がるブライトンに帰還し、時差ボケでこれまた薄ぼんやりした頭のまま緊縮託児所に出勤すると、心なしか以前よりも食堂に人が溢れていた。

わたしが勤めている託児所は、無職者と低所得者を支援する慈善センターの中にある。当該センターでは、緊縮財政のために行政からの補助金を切られ、無職者や低所得者に提供していた多種多様な無料コースを運営できなくなったために利用者の数が激減し、ふだんは廃業寸前のわびしい空気が漂っているのだが、昼のランチタイムだけは人が増える。一ポンド（現在のレートで約一六九円）で栄養満点の食事が振る舞われているからだ。大きなプレートにジャガイモ（マッシュポテト、ローストポテト、ポテト・ウェッジズなどが日替わり）または米、パスタ、クスクスといった主食に、メインのおかず、大盛りのサラダやコールスロー、ラタトゥイユなどの野菜が皿からこぼれんばかりに盛られているのだ。

平素はどうしても冷凍のソーセージやチップス、缶に入ったトマト味のベイクド・ビーンズなどの安上がりなメニューになりがちな貧しい家庭では、生鮮食品で手作りしたごはんが食べられる機会は貴重なのである。

英国では貧困層ほど肥満や糖尿病に苦しむ人が多いというのは昔から言われている話だが、日本でも非正規労働者の若者が低収入と生活のストレスからジャンクフードや高カロリーの食品を多く摂取する傾向があり、似たような問題がクローズアップされるようになってきたと聞いている。富める人々は太っていて、貧する人々は痩せているというのは遥か昔の話であり、現代ではその逆が真実だ。特に生鮮野菜が高価な英国では、保育園に勤務していた頃の若い同僚たちも「野菜や果物は高いから買えない。あれはぜいたく品だ」とよくぼやいていた。最低保証賃金に限りなく近い金額で働く人々にとって、ヘルシーな食生活を実践することは至難の業なのだ。

こうした状況にあって、チャリティ団体経営の一ポンド食堂が繁盛するのは当然のことだが、実は食堂の利用者が増えたのはのっぴきならない事情があってのことだった。五年前には週五日営業していた食堂は、行政からの補助金が打ち切られたために週三日しか運営できなくなっていた。それが、わたしが日本に滞在していた間にいきなり週二日になっていたのである。こうなれば、食べられる日に食堂に行こうという人々が殺到するのは道理であり、以前より繁盛しているように見えるのはそのせいなのだった。

近年の食堂の変化と言えば、ヴォランティア・スタッフに外国人が増えたということだ。というか、主力メンバーはすべて移民である。「英国の食事は不味《まず》い」と言われたのは過去の話で、今世紀に入って英国の食べ物はおいしくなった。というのも、移民が増えたことによってハーブやスパイスの重要性が人々の意識の中に浸透し、海外から入り込んだ調理法を英国料理にも採り入れた「モダン・ブリティッシュ」と呼ばれる料理が流行したことにより、「味気ない」と不評だった英国の食べ物の味が飛躍的な進歩を遂げたのである。

であれば、外国人ヴォランティアたちがシェフを務めている当該慈善センターの食堂の味も格段によくなっていそうなものだが、それがここだけはまったく前進しない。というか、退行している。それはヴォランティアたちが料理下手だからでも、やる気がないからでもない。当該センターが最優先の理念として掲げる「ダイヴァーシティ」のコンセプトが思わぬ弊害を生み出しているのだ。

まず、基本的に食堂で供されるメニューは一つしかないのだが、外国人が増えるにしたがって宗教的理由で特定の肉を口にできない人や、ヒッピー系やエコ派の方々はヴェジタリアンであることが多いため、近年は肉や魚を料理に使用できなくなっている。また、カリーのようなスパイシーな料理や、地中海のガーリックを利かせたメニューも、大好きな人がいるかわりにめっぽう苦手な人もいるため、できるだけ避けましょうといった方針が打ち出された。また、どこかの国の料理に偏ったメニューも、口に合う人はいいが、合わない人を排除することになるのでやめましょうといった新ポリシーも調理場のマニュアルに付け加えられた。

こうして、一時はボンベイ風カリーやちらし寿司（日本人スタッフがいたこともあった）など国際色豊かな料理を提供していた食堂の料理が、妙に没個性的で無味乾燥な、率直な表現を使えば不味い食事になってしまったのである。多様性の導入も一歩運営を間違うと後退につながる。ダイヴァーシティ実践の難しさをわが慈善センターの一ポンド食堂は示している。

しかし、さまざまな国にオリジンをもつ食堂のスタッフたちは、そもそも料理するのが好きだったり、料理の腕に自信があるからこそヴォランティアを志願したのであり、そこで自信をつけ、当該センターにリファレンスを書いてもらって（英国で仕事を探すには、履歴書だけでは不十分だ。前の職場の上司などからの「リファレンス」と呼ばれる推薦状が必須である）料理人として就職したいという人々である。自分の自慢の一品を作れないのはある種のストレスにつながるのに違いない。多様性を推し進めすぎて不味くなってしまった食堂のキッチンのスタッフは、以前に比べると長続きしなくなった。

そんなわけで、わたしが一か月日本に行っていた間にもキッチンの人材の入れ替えが行われており、ムスリムの若い男性がスタッフに仲間入りしていた。パキスタン出身だという彼は、ムスリム男性というよりはブライトンのゲイ街で見かける英国人男性のようないま風の服装をしていて、なんとなくそうかなあと思っているとやはりカミングアウトした同性愛者ということだった。英国のゲイ・キャピタルと呼ばれるブライトンにはムスリムの同性愛者もけっこういる。これらの男性たちは、家族や地域のムスリム・コミュニティにその性的指向が受け容れられず、激しい葛藤や衝突などを経験してブライトンまで南下してくるケースが多い。

また、こうした男性たちの中には以前は女性と結婚していたという人々もいて、食堂の新スタッフのムスリム男性もやはりそうだったらしく、ヴォランティアでキッチンに入るときには三歳の娘を連れてきていた。アイーシャというこの娘は、真っ黒な濃い睫《まつげ》毛で覆われたアーモンド形の瞳と緩いウエーブのかかった長いブルネットの髪。ディズニーがムスリムのお姫様キャラを作ったらこういう子になるのではないかと思うような可憐な美幼女なのだが、これがなかなかのツワモノなのである。ギャングスタラッパーの白人幼女版のようなケリーと、がっぷり四つに組んで張り合っているらしいのだった。

「けっこうすごい子が入ってきたんだよね」

託児所責任者であるイラン人の友人がにやにやしながら言うので、どんな子だろうと思っていると、ケリーから三輪車を強奪されたら殴り返す、ケリーから押されたら立ち上がりざまに相手の脇腹に蹴りを入れる、ケリーがトイレ待ちの列に割り込んできたら背後から髪を引っ張って首に噛みつくなど、実にワイルドな問題児なのである。

アイーシャとケリーにはよく似たところがあった。二人とも、倒れようが殴られようが泣かないのだ。普通、幼児というものは、痛い目にあったり怖い目にあったりすると、声をあげて泣いて周囲の人々にそれをわからせようとする。これは、まだ周りの大人に庇護されなければ生きていけない段階の未熟なヒューマンビーイングの生きる知恵でもあり、自己を保護するための生存本能とも言える。

だが、アイーシャとケリーにはそれがなかった。まるで周囲の大人たちに何の期待もしていないようだ。まだしも、ギャングスタラップ児のケリーのほうが、姉のヴィッキーにだけは素直に甘える表情を見せることがある。だがアイーシャは違った。実の父親の前ですら、どこか形式的な「迎えに来たからとりあえず笑ってやるか」みたいな美しい微笑を見せるだけで、取り乱す、とか、我をなくす、とかいうことが三歳児のくせに皆無だ。

無表情な幼児は情操的な発育が遅れていると言われるが、アイーシャの場合は、それとも違う。よ

ほど早熟で、しかも厳しい育てられ方をしたのだろう。感情の示し方を知らないので示さないという
よりも、そんなことはとうに知っているが敢えて示さないようにしているという感じだった。

アイーシャの母親が家庭から出て行ったのは夫の性的指向を知ったからだったのだろうか。それ以来シングルファザーとして彼女を育ててきた父親は教育熱心のようで、アイーシャの描く絵は通常の三歳児のそれより明らかに高度で複雑なものだったし、すでにアルファベットも読むことができた。数も三桁まで難なく数えられ、簡単な足し算さえできた。これは英国の三歳児としては珍しいことで、通常は上に小学生の兄や姉がいる子が読み書きや算数がすでにできるというケースが多いのだが、アイーシャは父親と二人暮らしだった。もしかしたら、彼女は一人っ子ではなく、母親が他の子どもだけ連れて去っていった可能性はあるが、もちろんそんなことは、単刀直入にアイーシャや彼女の父親に聞けるたぐいのことではない。

そんなある日のことだった。いつものようにケリーの姉のヴィッキーが学校帰りに絵本の読み聞かせをするために託児所にやってきた。わたしが日本に行っていた間に、ヴィッキーはすっかり人気者になっていて、彼女が託児所に入ってくるやいなや、彼女のほうに走っていって足元にまとわりつく子や、絵本を片手に「今日はこれを読んで」と言う子もいた。

「ハーイ、みんな元気？　これがいいの？　じゃあ今日はこの本を読むか」

とヴィッキーが明るく子どもたちに答える。ふと脇を見ると、以前は一番に姉のそばにまとわりついていっていたケリーが、なんとなくどんよりした表情で上目遣いに遠くから姉の姿を眺めている。

それは見覚えのある表情だった。わたしが昔、自分の息子を連れて託児所に働きに来ていたとき、

息子もこんな目をして他の子たちと遊ぶわたしを遠くから見ていた。わたしは思わずケリーの頭をぽんぽんと叩いて「グッド・ガール」と言った。

ケリーはまったくわたしを無視して、アートテーブルのほうに歩み寄り、じょきじょきと鋏《はさみ》でテーブルの上にあった絵の一枚を切り始めた。

と、いきなりアイーシャがケリーに近づいてグーで彼女の頭を殴った。そこに描かれた複雑な図柄から察するに、おそらくそれはアイーシャが描いた絵だったのだろう。殴られたケリーは、アイーシャにとびかかろうとしたが、勢いあまって椅子に足を取られて転ぶ。アイーシャはテーブルの上から半分切り裂かれてしまった自分の絵を手に取って、立ち上がろうとしているケリーの背中に蹴りを入れた。

アートテーブルの向こう側には他の子どもにまとわりつかれながらヴィッキーが立っていた。立とうとしたのにまた蹴りを入れられて床に転んだケリーは、丸く目を見開いて無言で姉の顔を見ていた。ケリーは姉が助けにきてくれるのを待っていた。が、ヴィッキーは部屋の反対側からわたしのほうをじっと見ている。

それも見覚えのある場面だった。わたしも自分の息子が託児所で別の子どもに暴力を振るわれたとき、何もできずにそんな風にただ立っていた。当時の託児所責任者のアニーやイラン人の友人がわたしの代わりに息子を抱きしめ、彼を痛めつけた子を叱ってくれるのを待っていた。今度はわたしの番だ。

「アイーシャ、ストップ・イット！」

わたしはアートテーブルに走っていってケリーを抱き上げた。けっして泣かないケリーが、姉のほうに両手を伸ばしてわあわあ泣きだした。それは抗議の号泣だった。自分を助けにきてくれない姉を、他の子の相手ばかりして自分を忘れているかのように見える姉を、全身全霊で呪っているかのような怒濤の泣き声だった。

アイーシャは「ふん」と言わんばかりの仏頂面で自分の絵を握りしめて絵本の読み聞かせが行われる部屋に歩いていこうとした。責任者である友人が飛んできて、アイーシャの体をつかみ、彼女を叱り始めた。

それにしてもこのケリーの泣き声では説教する声など到底聞こえないので、わたしはケリーを抱いたまま庭に出た。

「落ち着いて、ケリー。もう大丈夫、大丈夫だから」

何が大丈夫なんだか自分で話していてもさっぱりわからないのだが、わたしはそう言って彼女をなだめた。数分経って落ち着いた頃に、友人がアイーシャの手を引いて庭に出て来た。

「ケリー、アイーシャがあなたに言いたいことがあるんだって」

「ソーリー」

と嫌味なほど不愛想にアイーシャが言った。

「ケリーのほうを向いて、心を込めて謝ってちょうだい」

そう友人が言うと、アイーシャはふたたび「ソーリー」と言う。

「でもケリー、あなたもアイーシャの大切な絵を鋏で切ってしまったんだから、謝る必要があると思うよ」

わたしが言うと、ケリーはわたしの腕に頭をもたせながら力なく「ソーリー」と呟いた。泣いて泣いて泣き疲れてもう何もかもどうでもいいという感じだった。

「ちゃんと地面に降りて謝ろうか。そしてお互いにハグしよう」

わたしがケリーを地面に降ろすと、彼女はもっそりと「ソーリー」と言い、まるで夢遊病者のようにアイーシャとハグを交わした。これが喧嘩をしたときの託児所のルールなのだ。


「ケリーを連れ出してくれてありがとう。そうでなきゃ、今日は絵本なんか読めなかった」

託児所が終わった後で、ヴィッキーがわたしにそう言った。

「気にしないで。あれじゃ何も聞こえないもんね」

「難しい。ああいうときは本当にどうしていいのかわからない。相手の子を冷静に叱れるのは、私じゃないと思ったから」

「わかるよ。わたしも昔、自分の息子をここに連れてきていたから」

息子を託児所に連れてきていた頃、彼をいじめる子たちを叱れないわたしは母親としておかしいと批判されたことがあった。英国人の母親なら、まず自分の子どもを本能的に守るのに、日本人というのは肉親への愛情が薄いのではないかとさえ陰口を言われたこともあった。

だが、どうやらそれは日本人だけの特性ではなかったようである。

「一六歳でとっさにあんなことを考える子はそういない。彼女、いい保育士になると思う」

ケリーとヴィッキーが手を繋いで託児所から出て行く姿を見送りながら、友人がそう言った。

ふと読み聞かせ部屋のカーペットのほうを見下ろすと、じっとりした目でアイーシャがケリーとヴィッキーの後ろ姿を凝視しているのが見えた。まだ右手にくちゃくちゃになった自分の絵を握りしめている。それはいつもの涼しい顔とは少し違う、誰かがいま優しく彼女をハグしたら、思いきり殴りかかってくるか泣きだすかのどちらかだろうというような顔だった。

この子はやはり一人っ子ではなかったのかもしれないと直感的に思った。

エプロン姿で食堂のキッチンから父親がお迎えにくると、アイーシャはいつもの落ち着いた顔に戻り、握りしめていた絵を床の上に捨て、形式的な美しい微笑を浮かべて父親が広げた両手に飛び込んでいった。

天使を憐れむ歌

2016.3

この冬、日本に滞在したときにジャーナリストの猪熊弘子さんから世田谷区の保育園を五か所案内していただいた。それでわたしが驚いたのが保育士の配置基準だった。日本の保育園は、〇歳児で保育士一対子ども三、一歳児、二歳児で一対六、三歳児で一対二〇、四歳児、五歳児は一対三〇と定められているそうだが、これは英国で保育士として働くわたしにはかなり衝撃的な数字だった。英国の配置基準は、〇歳児と一歳児で一対三、二歳児で一対四、三歳児と四歳児で一対八である。EYPS (Early Years Professional Status)、またはEYTS (Early Years Teacher's Status) と呼ばれる、保育士より上級の資格を有する大卒スタッフなら三歳児と四歳児で一対一三の配置基準も許されている。が、日本では末端の保育士でも二〇人の三歳児を一人で見ているという。

それがよっぽどトラウマになったのか、英国に戻ってから仕事をしているときにふっと二〇人の三歳児に囲まれて働いている自分の姿を想像していることがある。三歳児といえば、体の発育と心の発育が最もアンバランスな時期だ。まだフィジカルな面では発育しきっていないのに、急に言葉を操ることができるようになるものだから気力だけは充実し、自分の力を過信してアドベンチャーをしがちになり、転ぶ、落ちる、ぶつかる、などの流血事故が増える年齢である。一度、わたしが民間の保育園に勤めていた頃、三歳の男児が何を考えたのかいきなりプレイルームで全力疾走を始め、「走っちゃダメ」と言ってる間にもはっしと椅子の上にジャンプし、『ジャングル・ブック』の絵本でも読んじゃったのかクリスマスツリーに飛び移ろうとしてあえなく落下、テーブルの角に頭をぶつけてぱっかり額が割れるという大惨事が起きたことがあった。幼児の小さな体にあれほど体液が入っているのかというぐらいあたりは血の海になり、うっかり目撃した幼児が軽いショック症状に陥るほど凄惨な事故現場になったのだが、ああいう「いったい君はどういう了見でそういう無謀な挑戦をしてしまったのか」と思うようなアクシデントが頻発するのが三歳児の世界である。

このようにして自分はスーパーヒーローではなかったのだということを身をもって学ぶ三歳児もいれば、いろんなことを実地で探求したい欲望も出てくる年齢で、一般に「そんなことは機能しませんよ」と言われていても、自分自身で試してみるまではわからないというエクスペリメンタルな精神が頭をもたげてくる時期でもある。たとえば、爽やかな日差しが心地よい春の園庭。テーブルを出して屋外のパラソルの下で工作と洒落こんでいると、接着剤を付けるのに使う小さなヘラを持って子どもたちがぞろぞろ庭の隅に走っていく。どうしたんだろうと後をつけてみると、ベンチの背についた白い液体を各人がヘラになすりつけている。

「それは接着剤じゃない！」

とわたしが言うと
「でもよく似てる」

「意外とネバネバして使える」

と言う子どももいて、指についちゃったとか言って舐めている子もいる。

「ノーーー！　それは鳥のうんちです！」

と言って保育士はカモメの糞を指につけた子どもの手を洗ったり、糞のついたヘラを全部回収し、糞がベタベタに塗りつけてある工作を処分して「自分が精魂込めて制作した作品に何をするのか」と泣き叫ぶ子どもをなだめすかしながらゴム手袋をして抗菌スプレーを握り、園庭のベンチの上についた鳥の糞を始末しにいく、などの一連の作業を行うことになるのだが、これらは二〇人の子どもがいる園庭に最低でも三人は保育士がいる英国の現場だからできることであり、保育士がたった一人しかいないとしたらとても無理だ。

いったい日本の保育士はこうした局面をどう乗り越えておられるのだろうか。

という疑問はしかし、日本の公立保育園の庭あそびの光景を見たときに解決した。そこには屋外工作のテーブルもなければ、スクーターも三輪車もない。ままごと遊びの小さな家もなければボウリングセットもジャングルジムもない。玩具や遊具がほとんど何もないがらんとした空間に子どもたちが立って駄弁《だべ》ったり、追いかけっこしたり、またちょっと離れたところに別のグループが集まって立っていたりして、保育園の庭というより、学校の休憩時間の校庭みたいだ。

英国の保育園だったら、玩具とか遊具とかがないと、お互いを玩具にして遊びだしたり叩きあったりろくでもないことをする子たちが必ず出てくると思うが、日本の子どもたちはおとなしく遊んでいた。ふだんからこんな感じだから、特に退屈と感じることもないのかもしれない。これなら事故が起きることはあまりないだろう。

日本の保育園の年長の子どもたちがみんなで合奏の練習をしている姿も見た。タンバリンやトライアングルを握って行儀よく立って演奏していた。職業柄、ふっとその場に自分が知っている英国の子どもたちがいる姿を想像してしまう。

「ここで打って、ここで休んで」

という全体主義的な指導は無理だろう。みんなが休んでいるタイミングで裏打ちのテンポでタンバリンを打ちだすあまのじゃくが必ず出てくるだろうし、そっちのほうが楽しそうだとついて行く連中も一定数出てきそうだ。タンバリンを左右に振ってじゃらじゃらサイドの金具ばかり鳴らすアナキーな子もいて、

「みんなで打つところと休むところを合わせて！」

みたいなことを保育士が言っている間にも部屋の中はカオスな音の洪水だろう。

「もういっか、打ちたいように打って。その代わり、わたしが自分の鼻を摘まんだら一拍休み。お尻を叩いたら二拍休み。できるかなあー？　できないだろうなあー、難しすぎるよねー、君たちには」

みたいな挑発的なことを言って練習を遊びに変え、もっとおもしろおかしくやっていくことになりそうだ。基本的に英国の幼児たちには全然まとまりがないので。でも確実に、わたしたちはもっと笑っているだろう。げらげら笑ってその場を楽しんでいるだろう。

「日本の保育園すごかったよ。三歳児の配置基準が一対二〇なんだもん」

ブライトンの緊縮託児所の責任者である友人に言うと、彼女も驚く。

「えっ、それって末端の保育士でその比率？」

「うん。ふつうの保育士でそれだった。なんかこう、一人に対してわんさか子どもがいた」

「あーでもそれが日本で可能なのは、子どもたちが行儀いいからでしょう。テヘランのインターナショナルスクールで教えていた頃、日本人の血を引く子どもを教えたことがあるけど、おとなしくて天使みたいだった」

「……」

天使ばかりだから保育士の人数が少なくてもやっていけるのか、保育士の数が少ないから子どもたちのほうで天使になるしかないのか。それはどっちが先とも言えない難しい問題である。

ブライトンで他の同僚や同業者たちにこの話をすると
「一対二〇って何それ。羊飼いかよって」

「一歳児の一対六もけっこうすごくない？　一歳になったばっかりだとまだよちよち歩きの子もたくさんいるし、何かあったらどうやって六人も連れて逃げるんだろう。日本の子どもって身体的発育がそんなに早いの？」

とみな一様にびっくりしている。

日本でお世話になった猪熊さんには『子育てという政治』（二〇一四）という著書があり、それによれば二〇〇四－二〇一三年の一〇年間に保育施設で一四三人の子どもが亡くなっているそうだ。そのうち一三一人は〇－二歳だそうで、幼い子どもの命が日本の保育士配置基準によって失われている。ということは日本でも盛んに言われているようだが、この配置基準によって日本の未来から失われているものはそれ以外にもある。

決断力。クリエイティヴィティ。ディベートする力。わたしが日本にいた二〇年前から現在まで、日本人に欠けていると一般に言われている事柄はちっとも変わっていないように思えるのだが、こうした能力が欠如していることが本当に民族的特徴になっているとすれば、それは人間の脳が最も成長する年齢における環境や他者とのコミュニケーションのあり方に端を発していないだろうか。少なくとも英国の幼児教育システムは、言われたことを上手にやる天使の大量製造を目的にはしていない。

過日、緊縮託児所で恒例のディベートごっこをやった。

英国には政府が定めたＥＹＦＳという幼児教育の法的枠組とカリキュラムを合わせた「幼児教育の憲法でありバイブル」があり（猪熊弘子さんによれば、日本にはそんなものは存在しないそうだ）、そのカリキュラムによれば、四歳で小学校に入学する前に、子どもたちは自分の意見をしっかりと述べ、他者を説得する努力をする姿勢を身につけていなければならない。

現在の緊縮託児所は移民の子どもが多数派であることもあり、きちんと英国人の子どもたちと議論（この年代ではまだ自分の考えを言うだけではあるが）できる程度の英語力を身につけさせることは多民族国家の保育士に課された仕事でもある。

ディベートごっこをするのに使用されるのはペルソナドールだ。ペルソナドールというのは英国の幼児教育現場には欠かせない教材で、要するに英国社会を構成する多種多様な子どもの姿をした人形であり、保育士はこの人形をパペットのように使って子どもたちに多様化した社会の現実やそこで生きる人間が身につけるべきマナー、思いやりの問題を考えさせる。

アニーが率いた底辺託児所時代から、わが託児所ではペルソナドールでの教育を重んじてきた。白人、黒人、インド人、メガネをかけた子、車いすに乗った子、赤毛の子（英国では赤毛の子は「ジンジャー」と呼ばれてからかわれることが多い）、ブルカを被った子。小さな託児所にしては異常なほど多くの人形が取り揃えてある。わたしが以前働いていた民間の保育園はほんの四体ぐらいしか置いてなかった。

ペルソナドールは誰でも使えるわけではない。子どもたちは自分に似た人形に強い愛着を抱く傾向があり、黒人の女の子は黒人の女の子の人形に、赤毛の子は赤毛の人形に、メガネをかけた子はメガネの人形に、エモーショナルな面でけっこう入り込むことがある。だからペルソナドールは取り扱いが危険とされている教具であり、きちんと訓練を受けた人材しか使えない。わが託児所では、責任者のイラン人の友人が担当である。

この日は、最近いよいよエスカレートしてきた三輪車の強奪問題をテーマに話し合うことになった。ギャングスタラップ児ことケリーによる三輪車強奪事件の被害者が後を絶たず、そんなことが数か月も続くとさすがに抵抗の共同戦線を張る幼児たちも出てきて、先日、ついに園庭で押し合い、叩き合いの乱闘事件が勃発したのである。

子どもたちの輪の中に座った友人はまずインド人の少女の人形を手に取り、わんわん泣かせてから

「どうしたの？」と話しかける。そして人形に耳を傾けて「えっ？　誰が玩具を取っていったの？　うんうん……」と聞いているようなふりをし、「ジョーシー、ちょっとこっちに来てちょうだい」と棚の上の白人の人形に話しかける。ここでわたしが打ち合わせどおりにジョーシーという名の白人の少女の人形を友人に手渡す。

「ジョーシーはどうしてこんなことをするの？」

友人は話しかけるが、人形のジョーシーは答えない。

友人が繰り返し聞くのに答えない人形のジョーシーの代わりに優等生のアンナが言った。

「ジョーシー、答えてちょうだい」

「彼女は玩具を独り占めしたいんだ」

「そうなの？　ジョーシー」

と友人は言い、ジョーシー人形にこくんと頷かせる。

「それはダメだよね。ジョーシー。でも、そういうことをするのはどうしていけないんだろう？」

友人がそう問いかけると子どもたちが口々に言い始める。

「僕たちはシェアしないといけないから」

「玩具はシェアしなきゃいけない。本も、おやつも」

「シェアリング。シェアリングが大事」

そう。英国の保育施設で、幼児が「排泄」とともに最初に徹底して教え込まれるコンセプトは「シェア」、すなわち「分配」である。英国の保育現場ではこの概念を徹底させるため、玩具を使いたい子どもが複数いる場合には彼らの名前をホワイトボードに書き出して五分ずつ順番に使うとか、そういうことを砂時計を使って徹底的に浸透させる。そう考えると、英国の政治で「分配」の概念が重要視されるのは子どもの頃の躾けに根があるのではと思えてくる。

「どうしてシェアすることは大事なんだろう」

と友人はジョーシー人形に話しかけた。ジョーシーは何も言わない。ふとケリーの顔を見ると「何やってんのこいつら」というような反抗的な顔をしている。

「シェアしないと、玩具を使えない子が悲しいから」

「シェアしないと、喧嘩になるから」

「シェアしないとフェアじゃないから」

おお。分配しないと公正ではない。と四歳児が主張している。

「シェアとかフェアとか知ったこっちゃないわ」と言わんばかりの醒めた目をして座っていたケリーが「トイレ」と言っておもむろに立ちあがった。トイレに続く通路には誰も大人がいないのでわたしもついて行く。

ケリーはなかなか個室から出てこなかった。きっとみんなが語り合っているのは自分のことだとわかっているからなんだろうなあ、と思い、

「It's not fair, if you don't share! It's not fair, if you don't share!」

とラップ調に大声で繰り返し歌ってみた。ラップ好きのケリーが乗ってくるんじゃないかと思ったのである。

「韻を踏んだ完璧なラップ。クールじゃない、これ？」

と陽気にわたしが叫んだところで個室から仏頂面のケリーが出てきた。無言でじゃーじゃー水を出して手を洗い、ペーパータオルを引っ張りだそうとする。が、何枚か一緒につかんでしまったのかプラスティックのケースからバサバサ大量のペーパータオルが落ちて床に広がった。

「ありゃりゃ、いっぱい出てきちゃったね。タオルが中でちゃんと重なってなかったのかな」

とわたしは床に落ちたタオルを拾う。

「ソーリー」

という声が頭の上から聞こえたような気がした。

「えっ？」

と聞き返すとケリーはしゃがんで自分が落としたペーパータオルを数枚つかみ、ゴミ箱に入れた。そして立ち上がり、くるっと背を向けて
「It IS fair, if you don't share! It IS fair, if you don't share!」

と反抗的にラップしながら、ガニ股で威勢よくみんながいる部屋に戻っていく。わたしは思わず吹き出した。わたしのラップが下手くそでわかりやすかったとは言え、四歳児が即興でアレンジする能力は見事だ。

ふっと日本の保育園で行儀よく合奏していた子どもたちの姿が浮かんだ。日本の保育士や子どもたちにはこんなふうに一対一で触れ合う時間がどのくらい許されているのだろう。

日本政府はさらに配置基準を緩和して、一人の保育士が見る幼児の数を増やすことで待機児童問題

を解決しようとしているという。

日本国厚生労働省様

保育士配置基準のいたずらな弾力化は、日本の子どもたちのさらなる天使化を招くおそれがあります。それは憎たらしくも愛すべき個性的な悪魔たちが育つ地盤を奪う可能性もありますのでどうぞご再考ください。

コスプレと戦争と平和

2016.4

ある日のことだった。九歳の息子が学校に行っている時間に、彼の筆跡でわたしと配偶者宛に手紙が届いた。宛名はミスター&ミセス・ブレイディになっている。面妖なことだと思い、封筒を開いた。

親愛なる母さんと父さんへ
今朝、あなたたちにさよならを言ったとき、僕の胸は哀しみに潰れてしまいそうでした。勇気を出そうとしたのですが、僕は感情を抑えることができなくて、涙が頬をつたって落ちました。でも幸運なことに、列車の中で同じクラスのジェームズの隣に座ることができました。彼は僕を元気づけるために、レモンを一個くれました。

そこまで読んだわたしは、寝室に行って夜勤明けで眠っていた配偶者を叩き起こした。

「ちょっとこれ見て」

配偶者は目をこすりながら手紙を見て、

「なんだなんだ、あいつ、いきなり家出か？」

と起き上がった。が、しっかり手紙を読み返し、

「ああこれ。学校の授業の一環だと思う」

と言った。

「学校の授業？」

「ああ。ほら、こないだ疎開児童の恰好して学校に行かなきゃいけない日があったろう。あれの一環で、学校で手紙を書かされて、先生がまとめて保護者に郵送したんだと思うよ」

と言われてようやくわたしは腑に落ちた。

息子の学年の今学期の学習テーマは「第二次世界大戦」であり、その一環として子どもたち全員が当時の疎開児童の恰好をして学校に行くという日があった。男子ならシャツに毛糸のベストに半ズボン、頭部はハンチング帽。女子なら髪をおさげにしてワンピースにカーディガンに白いソックス、手にはトランクや当時の疎開児童が持っていたような紙箱を紐で結んで下げられるようにしたものを持って登校するのである。トランクや箱の中には戦時中に疎開していた子どもたちの持ち物（テディベア、着替え、パジャマ、本など）を入れておかねばならなかった。

つまり、当該授業が行われた日、子どもたちは戦時中の疎開児童になったつもりで両親に宛てた手紙を書きなさいと学校で言われ、各人が、その日の朝、両親に別れを告げてきたという設定で自分の

気持ちを綴ったのだろう。

　疎開先の家を案内してくれる事務所に着くと、僕たちはそこでフォスターファミリーを紹介されました。フォスターファミリーがどんなふうに子どもたちを扱うか、恐ろしい噂を聞いていたので、僕はとても心配でした。僕のフォスターファミリーはミスター・スミスとミセス・スミスです。彼らの農場には牛や羊や鶏、馬、豚などがいます。とても広い小麦の農場もあります。ラッキーなことに、ジェームズがすぐ近くの家に住んでいるので、僕はそこに行って二人でボールを蹴ったりして遊んでいます。
　ふたたびあなたたちに会える日が待ちきれません。行儀よく、いい子にしていると約束します。またすぐに手紙を書きますね。

愛を込めて

　所詮コスプレの延長だとはわかっていながら、息子の筆跡でこうした手紙を読むと本当に胸苦しくなってくるから不思議である。きっと今日は息子のクラスの親たち全員がこんな気分になっているのだろうと思った。
「第二次世界大戦」という学習テーマは、歴史教育の課程の一つのようだが、子どもたちに疎開児童のコスプレをさせ、親たちにまで自分の子どもを疎開させる気分を味わわせるというのは、戦争とは何なのかを草の根レベルで考えさせるのに有効なやり方だと思う。

英国の小学校はこういうことをよくやる。昨年は、息子たちの学年全員がヴィクトリア朝時代の子どもの労働者（男子は煙突掃除の少年、女子はメイド）の恰好をして登校し、学校の近くのヴィクトリア朝建築の建物の中で当時の貧困層の子どもの生活を疑似体験するという授業があった。その授業の後で、うちの息子はやたらと「ヒューマン・ライツ」という言葉を口にするようになった。

日本だったら、リベラルな人々が「そんな戦前や戦中の貧しかった時代を子どもたちに疑似体験させるなんて」と目くじらを立てるのだろうか。だが英国の公立小学校はけっこうこうしたことを普通にやらせている。

戦争はありました。そして戦争が地べたの人間に及ぼす影響というのはこういうことなんです。貧困はありました。そして貧困が人権に対する罪だといわれるのはこういう状況になるからです。どうも英国の歴史教育とはそういうことを疑似体験で教えるもののようだ。

次から次に違うコスチュームを準備しなくてはならない親としては大変だが、英国の小学校のカリキュラムにはコスプレ授業が含まれている。

そうした教育を行っているとはいえ、英国にはいまでも貧困が存在し、戦争だってやっている。貧困と戦争は繋がっているとよく言われるが、英国の貧民街にいるとそのリンクが日常的に見える。

たとえば、現在この問題の影響を受けているのが、ギャングスタラップ児ケリーの姉のヴィッキーだ。ケリーを迎えにくるときにいつも一緒に連れていたワルそうなボーイフレンドが最近見当たらないなあと思っていると、軍隊に入ったという。非正規で低賃金、不安定でノー・フューチャーな労働形態に飽き飽きし、軍隊に就職したらしい。

貧しい街の青年たちが軍隊入りするのは珍しい話ではない。だから家族や隣人に軍人がいる貧民街の人々は軍隊を熱烈に支持していることが多く、欧米でワーキングクラスを支持基盤とした右翼が支持を伸ばすのは、こうした事情も背景にある。

もう一〇年ほど前の話になるが、わたしが保育士資格取得コースの講座に通っていた頃、ひどい交通渋滞でバスがまったく動かない朝があった。いったい何ごとかと思って窓から顔を突き出すと、前方の路上を馬がゆっくり歩いていて、ガラスばりの馬車が道の真ん中をゆっくりと行進しているのが見えた。ガラスの中にはユニオンジャックの旗で包まれた棺が収められている。戦死した英国軍人の葬儀とはああいうふうに行われるのだと知った。

大遅刻して教室に到着すると、一緒に講座を受けている若い保育士見習いの子が、廊下の隅に体操座りして放心したように天井を見上げていた。

「どうしたの?」

と近寄って背中をさすると、彼女は真っ赤な目でわたしを見て言った。

「友達が、アフガニスタンに行って死んで帰ってきた」

戦争をする国に住んでいるというのはこういうことなんだと思った。

あのとき廊下の隅でぼろぼろ涙をこぼしていた子も、ヴィッキーと同じような下層社会の少女のファッションに身を包んでいた。だが彼女たちはコスプレをしているわけではない。彼女たちやその家族や友人や恋人たちにとっては、戦争や軍隊は歴史上の話ではなく、現代でも生活の一部なのだ。

「パンドラのブレスレット買ってもらったんだ」
ヴィッキーはそう言って誇らしげにわたしにシルバーのブレスレットを見せた。

貧しい家庭の少女たちにとってパンドラのブレスレットは小金を持った恋人を見つけたというしるしのようだ。ブレスレットに付けるチャームが一つ増えるごとに、仲間うちでの彼女たちのステイタスも一つずつ上がっていく。

「今度はミッキーマウスとミニーのチャームを買ってもらうんだ」
嬉しそうにヴィッキーが言うと、

「私もミッキーのブレスレットが欲しい」
と妹のケリーが言った。

「一〇年早いんだよ。高いんだからね、これは」
とヴィッキーは妹の頭を小突いて満足そうに微笑んだ。

コスプレといえば、英国の保育施設には必ず「ドレスアップ」のコーナーがあって、そこにはスーパーヒーローとかディズニーのプリンセスとか消防士とか、さまざまなコスチュームが並べてかけてあり、子どもたちがそれを着て自由に遊べるようになっている。三歳、四歳ともなると子どもたちの中に性別意識が確立されるので、性差のコンセプトを超えた「クロスドレッシング」をする子はきまった顔ぶれになってくる。

たとえば、現在の託児所で言えば、女性キャラの恰好をしたがる男児は大きな目が印象的なインド人の少年だ。この少年には小学生の姉がいて、一緒によく遊んでいるらしいのだが、彼が姉のバービー人形などで遊んでいると父親が猛烈に怒るのだそうで、彼が託児所ではドレスアップのコーナーに行ってプリンセスやナースの服装をしたがるのはそのせいかもしれなかった。

一方、男性キャラの恰好をしたがるのはダントツでケリーだった。しかし、彼女の場合はマーベルのスーパーヒーローのような衣装には興味がなく（まるでヴィッキーのような口調で「私はガキじゃない」と言う）、ポリスとかカーペンターとか所謂「働くおじさん」系のコスプレがお気に入りのようだった。ケリーは言う。

「バットマンは強いけど、仕事をしても警察官や大工みたいにお金をもらえないから役立たず」

社会福祉削減の時代には、貧民街の子どもたちがこういうことを言うようになる。

労働者階級の若者たちが失業保険を受給しながら第二のビートルズやチャーリー・チャップリンを目指した英国は、遠い過去のものになった。いまではギャングスタラップ児のケリーでさえ、ふつうに働いて賃金をもらうことが貧民の出世だと思っている。

そんな先日のことだった。

いつものように緊縮託児所の子どもたちがドレスアップ遊びをしていて、『アナ雪』のエルサや、アイアンマン、カウボーイなどがそこらへんを歩き回っていた。

「これが着たい」

と言って恐竜のコスチュームを持ってきた子にそれを着せていると、

「ちょっと、あれ……」

とヴォランティアのレイチェルが言った。

彼女が指さすほうを見ると、ケリーが例によって「働くおじさん」シリーズ風のコスチュームを着て、レゴで懸命に何かを制作している。

「へ？　どうかしました？」

別にその光景から異常なものは感じられなかったので聞き返すと彼女は言った。

「ケリーが着てるコスチューム、新しいやつ？」

「は？　そういえばこないだ、保護者の一人がコスチュームを寄付してくれたから、そのうちの一つかも」

「あれ、軍服でしょう？」

とレイチェルは眉をひそめた。

そう言われてよく見ると、テーブルについているので見えにくいが、紺色のジャケットには金のボタンがついていて胸元には勲章っぽい形の刺繍が施してあるのが見えた。よく見ると、ケリーが座っている椅子の後ろにエンブレム付きのミリタリー帽のようなものが落ちている。

「どうしてあんなものがドレスアップ用のコスチュームの中に？」

レイチェルは露骨に不快そうに言った。

「ああいうので遊ばせてもいいことになったの？」

「いや、そんなことはないんだけど、先週、わたしたち忙しかったから、寄付してくれた母親が自分で袋からコスチュームを出してハンガーにかけてくれました。彼女はこの託児所のルールを知らなかったんだと思います」

とわたしは言った。

英国の玩具店に行けば、第二次世界大戦時の軍服や、現在の英軍の戦闘服などのコスチュームはふつうに売られている。が、英国の保育施設はふつうはそういうものは置かない。特にわが託児所では、長年責任者を務めたアニーが反戦主義者で非暴力主義者だったので、軍服はおろか、子どもたちが武器の絵を描いたり、工作することも許さなかったし、そうしたイラストを含む絵本も一切置かないポリシーだった。レイチェルもアニーの時代から時々ヴォランティアに来ていた初老の女性で、反戦・核兵器廃絶の運動に関わっている人なので、ケリーが軍服を着ていることに大きな衝撃を受けたようだった。

が、そんなことも知らず、ケリーときたら、黒と茶色のレゴばかり集めていったい何を作っているんだろうと思っていると、先の尖った棒状のものを作って
「ばん、ばーん」

とか言ってそれを銃のように構えて遊び始めた。

レイチェルががたんと椅子から立ち上がった。そしてケリーのほうに歩いて行き、

「それを私にちょうだい」

と言う。

ケリーはしばらくレイチェルを睨んで黙っていたが、反抗的な口調で
「欲しいんだったら自分で作れ」

と答えた。

「そんなもの欲しくはありません。ただ、この託児所ではそんなものでは遊ばないんです」

『そんなもの』じゃない。これは銃だ」

またよせばいいのにそうケリーは言い放つ。

「託児所では、武器は作らないし、武器で遊んだりしてはいけないんです」

レイチェルは冷静に言って聞かせようとしているが、声音が尖ってきた。子どもというものは勘のいいもので、大人が理性を失っているときには相手は弱いということを知っている。

「ばん、ばん、ばん、ばん！」

ケリーはレイチェルの顔にレゴの銃を向けて撃つふりをした。

「それを渡しなさい！」

レイチェルはケリーの手からレゴの銃をむしり取ろうとした。が、ケリーが激しくそれに抵抗して銃がぱっきり二つに折れて床に落ち、バラバラに散らばった。それを拾おうとするケリーの動きを遮断するようにレイチェルは彼女の前にしゃがみ込む。

「そのコスチュームも脱ぎなさい！　そもそも、そんなものがここにあるのがおかしいんです」

レイチェルはそう言いながらケリーが着ている軍服を脱がせようとした。

「何もそんなふうにいま無理やり脱がす必要はないでしょう」

わたしは立ち上がって行って、背後からケリーを抱き上げた。

「そんなものを子どもが着るのは間違っています。子どもだけじゃない。どんな人がそんなものを着るのも間違っているのです。だからこの託児所では禁止になったんです。アニーがいたら絶対にすぐ脱がせてそんな服は処分しているでしょう」

　レイチェルはわたしを見てそう言った。イラン人の友人が国に帰省している間、責任者代理として託児所を回しているわたしのやり方に抗議しているのだろう。

　ケリーは悔しそうに瞳に涙をためてわたしの胸に頭をもたせながら、憤然として言った。

「『そんなもの』じゃない。これはケヴィンの服だ」

　ケヴィンというのは、ヴィッキーのボーイフレンドの名前である。

「そんな間違った服はこの場から排除しなければいけない」とレイチェルが言う服を着て、ケヴィンは働いているのだ。そんな彼のことをヴィッキーとケリーがどんなに誇りに思っているかわたしは知っている。失業者でも非正規労働者でもなく、安定した仕事についたケヴィンは、姉妹にとって希望の拠り所だった。

「そうだね、これは『そんなもの』じゃない。英軍で働く人が着る服だ」

　ケリーの小さな背中をさすりながらわたしは言った。

「へえ。あなたって、実はそういう考え方の人だったんだ。知らなかった」

と言い捨ててレイチェルが部屋から出て行く。

　しばらくしてケリーを腕から降ろすと、彼女はキャビネットの脇についている鏡の前に歩いて行ってじっと自分の姿を見ていた。それはまるで、自分が着ている服のどこが間違っているのか、一心に探そうとしているようだった。

「よく似合ってるよ。ケヴィンより恰好いい」

わたしが声をかけるとケリーはにっこり笑って嬉しそうに言った。

「サンキュー」

微笑み返すわたしのこころはしかし地盤沈下を起こしていた。

彼女が次に来るとき、ケヴィンの服はもうここにはないことを知っていたからである。

託児所から見たブレグジット

2016.6

EU離脱の国民投票が英国を分裂させてしまった。キャメロン首相もまたいったいなんであんなことをしてしまったのか、ふつう為政者というものはパンドラの箱には鍵をかけるもので、自ら好んで開けてしまう人も珍しい。彼はもうすぐ首相を退任する人だからいいが、この国に生きる人々はこれからずっと箱の中から出てきたものと一緒に生きていかねばならない。

国民投票の前の英国のムードは尋常ではなかった。また、誰が考案したのか投票をサッカーの二〇一六年欧州選手権（通称ユーロ）開催時とぶつけてしまうという無謀なことをしてしまったものだから、それでなくともナショナリズムの気運が高まる下層の街では、投票の行方はもはやいつイングランドが敗退するかということにかかっているような気さえした。

「ファック・オフ！　EU」

「俺たちは出て行くぜ」

近所のパブのテラスでサッカーを見ているおじさんたちの口から何度もそういう言葉を聞いた。こういう勇ましいムードが蔓延すると、「なんかこの時期、気楽に入れないパブもいくつかある」と言っていたポーランド人の知人もいて、とはいえ「いやーね、もうみんな右傾化しちゃって」みたいないつもの結論で片づけてはいけないようなものが今回の国民投票にはあった。

「これは『ワーキングクラスの暴動』だ」

と書いたのは『ガーディアン』紙のコラムニスト、ジョン・ハリスだった。

英国は、もともとワーキングクラスという階級が誇りを持って生きてきた国である。終戦直後に誕生したクレメント・アトリー首相率いる労働党政権がNHSという無料の国家医療制度を実現し、公営住宅の大規模建設、大学授業料を無料化するなど、底上げの政策を徹底的に行い、その効果が一斉に花開いたのが一九六〇年代だった。階級の流動性のない社会に閉じ込められ、生まれ落ちた家庭の親たちと同じような仕事をして、同じような人生を歩むしかなかった子どもたちが大学に進学できるようになり、彼らの親たちは夢見たことすらなかった仕事に就けるようになった。俳優、デザイナー、ジャーナリスト、ミュージシャン、作家、芸術家。それまでミドルクラスの子女たちに独占されていた業界に、新たな階級の、違う考え方やセンスを持つ人たちのエネルギーが吹き込まれた。

この英国文化に生まれた階級のダイヴァーシティ（ミドルクラスとワーキングクラスの出会いと融合）から「スウィンギン・ロンドン」と呼ばれた六〇年代英国のユース・カルチャーが起こる。特にビートルズらを生み出した大衆音楽のジャンルは世界中に輸出され、大旋風を巻き起こして、「ブリティッシュ・インヴェイジョン」という言葉さえ生まれる。

労働者階級の若者たちは「クール」な存在として裕福な階級の若者たちから憧れの目を向けられ、「ダサい上流・中流階級と恰好いい労働者階級」みたいな、いま思えば信じられないような枠組ができあがった。その恰好いい若者たちを象徴するシンボルには、初の労働者階級出身ファッションモデルと言われたツイッギーや、ジェームズ・ボンドのストリート版と言われた「ハリー・パーマー」シリーズに主演したマイケル・ケインがいた。

しかし、このエキサイティングな階級の流動性は、もう遠い過去の話になった。いまや英国の労働者階級の若者たちは「チャヴ」と呼ばれてクールどころかダサい社会悪とされ、流行のカルチャーは戦前のようにミドルクラスの若者たちから発信されている。

「階級というのは、そこから移動できる選択肢を持っているか、いないか、という違いに付けられた名称」

と言ったのは、前に働いていた民間の保育園で三歳児と四歳児のクラスの主任をしていた三〇歳の女性だった。とても聡明で有能な女性だったが、労働者階級のシングルマザーの家庭で育ち、大学には通えなかった。だが、先の労働党政権が、主任クラスの保育士が大学に進学して幼児教育について学ぶ場合の学費を無料にしていたので、彼女も大学に通う準備を進めていたが、保守党に政権交代したときにその夢は途絶えた。

「格差というのはあってしかるべきもの。金持ちと貧乏人はどの時代のどの世界にもいる。間違っているのは、下層階級の人間がそこから飛び出す可能性を与えられていない社会だ」

彼女は酔うといつもそう言っていた。

たぶん現代の英国は、階級が固定しすぎているのだ。格差拡大もよくないが、どんなに頑張っても自分たちがふたたびクールになる時代は来ないのだという閉塞感は下層の人々を絶望させる。

飛行機が右翼と左翼のバランスで飛ぶものだとすれば、現在の英国は上翼と下翼で飛んでいるから、傾いているのが常態で、時おり裏返ったり、いまにも真っ逆さまに落ちそうになったりして実に不安定で、真っ直ぐに飛ぶことができない。

新しいヴォランティアの子が緊縮託児所に来るようになった。このリンジーという一八歳の子は、子どもの頃この託児所に来ていたそうで、義務教育を終える頃にアルコールとドラッグに耽溺し、一度命を落としそうになるという窮地に陥ってリハビリを受けたという。

緊縮託児所に来ているケリーや「くるくる旋回」のジャックらが通っていた、依存症から回復中の女性を支援する施設の託児所でもヴォランティアをしていたらしい。しかしそこが閉鎖になったので、民間の保育園で見習いとして働きながら保育士の資格を取ることにした。が、保育園で働きだして数か月後に依存症の過去があったことが保護者に知れてバッシングにあい、仕事を続けられなくなったという。わたしは同じような目に遭った若い同僚を知っていた。

「そういうことが、わたしが前に勤めていた保育園でもあったんだよね。変な噂を立てられて、いじめ倒されて辞めさせられた子がいた」

わたしがそう言うとリンジーは言った。

「ああ、潰れたとこでしょ。そこに通っていた子どもたちがうちに流れてきていた」

わたしはぞっとして作業の手を止めた。

下層の街の匂いを感じさせる若い同僚をわたしの元の職場から排除した母親たちは、これで安泰だ、うちの子どもが通う保育園から下品な保育士が消えた、と喜んでいただろう。だが彼女たちは、やりすぎて同僚を警察に逮捕させてしまったため、保育園自体の評判まで落として閉鎖に追い込み、自分の子どもを通わせる保育園を失ってしまった。自業自得である。

が、そのため新たな保育園を探さなければならなくなった親たちが、リンジーのいた保育園に子どもを通わせ、今度は彼女を排除したというのだろうか。

「潰れた保育園から流れてきた親たちのいじめが一番ひどかった」

とリンジーは言った。

そもそも、これで上側に対して下側が怒りを抱くなというのが無理なのではないか。確かに下側も上側を憎悪しているが、その逆のベクトルもまた存在し、ここまで執拗に忌み嫌うのはいったいなぜなのか。

「ここではそんなこと絶対にないからね」

と言うと、リンジーは「ふふん」と声は出さなかったが、そんな声を出しそうな顔つきで笑った。きっとすでに、一部の外国人の母親たちの自分に対する態度を察知しているのだろう。

ケリーの姉のヴィッキーが絵本を読むヴォランティアになって以来、彼女が子どもたちに慕われる様子を見て心を許した母親たちもいるが、そうでない母親たちもいる。後者の母親たちがどういう目でリンジーを見ているかは容易に想像がつく。人間は一言も言葉を発さなくとも、目で他人を排除することができる。

「あ、たまに不愛想な人たちもいるかもしれないけど、ほら、文化的な違いってあるからね」

そうリンジーに言いながら、ふと思う。わたしが九年前にこの託児所に初めて来たとき、子どもたちもスタッフもヴォランティアも、マジョリティは英国人だった。リンジーがここに預けられていたときも、そうだったに違いない。

「変な感じだろうね、長い時が経ってこの託児所に帰ってくるのは」

わたしがそう聞くと、リンジーは言った。

「正直、最初からここでヴォランティアしようと思っていたんだけど、ここはもう外国人しか雇わないって聞いたからやめたんだ」

「えっ？　誰がそんなこと言ってたの？」

「前にここを使ってた人たち」

「……」わたしは絶句した。

確かに託児所の前責任者だったアニーが五年前に去ってから、しばらく複数の共同責任者が存在した時期があり、その責任者たちも全員が移民だったし、現在はイラン人の友人が責任者を務め、その補佐が日本人のわたしだ。昔ここを利用していた人たちは、きっといろいろ言っているに違いない。

「そんなことないよ。確かにいまは、このセンターじたいが移民向けの英語コースしかやってないから、その子どもたちを預かるのが主な仕事になっちゃったけど、ケリーとかジャックとかまた地元の英国人の子たちも来るようになって、バランス取れてきたって喜んでいるのよ、わたしたち」

とわたしは言った。

「私がここに預けられていた頃は、近所の子たちはみんなここに来ていて、スタッフもたくさんいて、なんだろう、やっぱり子どもだったからかな。すごく大きな託児所だったような気がしたんだけど、いま帰ってきてみると、すごく狭い。そして、なんとなく寂しい」

リンジーはそう言って微笑んだ。同じ下層の街の少女たちのファッションに身を包んでいても、彼女にはヴィッキーやケリーのようなハードな感じがなく、よく話をする柔らかな印象の子だ。

「まあね、わたしも実はこの託児所の出戻りなんだけど、昔と比べたらやっぱ活気ないもん」

と話していると、ジャックが玄関の柵の隙間から手を外に突き出して泣いている。

ジャックが指さす方向には小さな幼児用のスケートボードが置いてある。ジャックは最近、母親の新しいボーイフレンドからスケートボードを買ってもらったそうで、クールにそれを小脇に抱えて託児所にやってくるのだった。

「ジャック、ダメだよ。託児所の中でスケートボードはできない」

リンジーがそう言って柵のほうに行き、ジャックの手を引いて戻ってきた。

ジャックの母親の新しい恋人は、金髪のドレッドヘアをしたヒッピーとアナキストが混ざったような個性ある外見の男性なのだが、彼が託児所にジャックを迎えにくると、インド系やパキスタン系のお母さんたちがちょっと引いたような感じになって、スケートボードにしても「幼児用の特注のボードはとても高価なのに、どこからそんなお金が……」「あの人たち、ちゃんと仕事しているようには見えない」と彼女たちがトイレで噂していたのを聞いたこともある。

彼女らのそうした目線は彼にとっても鬱陶しいようで、最初に来るようになったときはラブ&ピースを信じる人らしくお母さんたち全員にとてもフレンドリーで、進んで笑わせようとジョークをとばしたりしていたが、外国人のお母さんたちがちっとも乗ってこないので、最近では互いにお迎えの時間にすれ違っても目さえ合わせない。

昔、この託児所が賑やかだったころでも、すべての人が仲良く、なんのわだかまりもなく一緒に子どもを預けたり、働いたりしていたわけではない。雑多な人種や宗教や思想や性的指向を持つ人々がそんなに夢のように出会ったとたんに一つになって美しいハーモニーを奏でだすなんてことは、ジョン・レノンの歌の中ぐらいでしかありえない。だが、あの頃はもうちょっとみんな大人だった。感情がこんなに剝き出しではなかったのだ。

「こんなにカサカサしているのはどうしてだろうね」

わたしが言うと、イランから戻ってきたばかりの、託児所責任者である友人は言った。

「みんな余裕がないからよ。少ないシェアの取り合いになって、そのシェアがどんどん減っていくから」

「ああ。やっぱ緊縮がいかんのか」

「財政支出額とともに、人の心も縮小しているのかもね」

と友人は笑った。人心のデフレ。そんな言葉が頭に浮かんだ。

泣いていたジャックをリンジーはうまくなだめ、粘土遊びのテーブルに連れていった。粘土をバカにしてはいけない。それは幼児の高ぶる感情や怒りを吸収できる不思議な玩具である。英国の保育士コースでは粘土がいかにアンガーマネジメントに役立つかを教えている。

ジャックがばしっばしっと音をたてて粘土をたたき始めた。ジャックは叱られたり、したいことができなかったりすると、突然奇声を発しながら両手を広げて猛スピードでくるくるスピンする癖があった。託児所に来るようになった当初は、彼がいきなりスピンし始めると本人にも周囲の子どもたちにとってても危険なので、なかなか大変なこともあったが、それも最近では滅多に見なくなっている。それはわたしたちのほうで彼がキレる原因や前兆を把握できるようになったからでもあるが、彼が思ったとおり、粘土遊びにハマってくれたからでもあった。

「何つくってんの？」

ジャックが粘土のテーブルについているのを見て、インド人のアヌーシュカがやってきた。彼女はなぜかジャックがお気に入りで、すぐ彼に接近する。ジャックは金髪の巻き毛で大きなブルーの瞳の、天使のような外見の子なので、アヌーシュカが彼にいろんな衣装を着させて人形代わりにして遊んでいることがあって、たまに注意しなくてはならないのだが。

「これ何？」

ジャックが叩きまくった挙句にパンチし始めたため大柄の水玉模様の凹みのついた粘土の塊を指さしてアヌーシュカが聞いた。

「ダイナー、ダイナー」

とジャックが言う。Dinosaur のことである。彼はここのところ恐竜がお気に入りなのだ。

「えーっ、それは違うよ。恐竜は、もっとこういう風に」

そう言ってアヌーシュカが脇からジャックの恐竜を取って器用にそれらしい形を作り始める。彼女の母親は特別ジャックの母親やその恋人を露骨に無視するタイプの人だが、皮肉なことにその娘はジャックが大好きで、弟、というか妹みたいに世話を焼くのだった。

「ほら、もっとそれらしく見えるでしょう。これはT－レックス」

九月から小学校に行くアヌーシュカがそう言うと、ジャックがぶんぶん首を振った。

「ノー、これはウーシュカ」

えっ。と思って本棚の整理をしていたわたしは手を止めた。

「えーっ、違うよ。それは私じゃないー」

アヌーシュカがそう言った。わたしは本棚の前に突っ立って二人のほうを見ていた。

ジャックはもう託児所に来て八か月になるが、これまで保育士をはじめ子どもたち全員を含め、誰のことも名前で呼んだことがなかったのだ。

ぽかんとしているわたしの目の前で二人は並んで嬉々として粘土で遊んでいた。

「これはウーシュカ」

「違うよ、じゃあ私がジャックをつくる」

「ウーシュカはダイナー」

「違う、それに私の名前はアヌーシュカ！」

お迎えの時間に、ジャックの母親の恋人と、アヌーシュカの母親にこのことを話しておこうと思った。本人たちが知りたいかどうかは別にして、わたしには伝える義務があるからだ。

分裂した英国社会の分析は学者や評論家やジャーナリストに任せておこう。地べたのわたしたちの仕事は、この分断を少しずつ、一ミリずつでも埋めていくことだ。

子どもたちを取り巻く世界　3

フットボールとソリダリティ

夏休みにうちの息子を初めてフットボール・コースに通わせたときのこと。

これはブライトン・アンド・ホーヴ・アルビオンFCという地域のクラブが運営している小学生向けのコースで、夏休みとかイースター休みとかには必ずやっているのだが、働く親には送り迎えがたいへん不便な時間帯に行われているので、それまでうちの息子は通えなかったのである。

が、どうにか送り迎えの都合がつくことになった年、フットボール狂のうちの息子は喜び勇んでコースに行ったのだが、初日からどんよりした顔つきで帰ってきた。

「どうしたの」

「ジャパーンはシットだって言われた」

ああ。と思った。グラウンドに彼を送って行ったときに、それはちょっと思ったのである。子どもたちのほとんどは、ブライトン&ホーヴのキットを着ていた。地元クラブ運営のコースなので当然である。少数派として、チェルシーやマンUなどの定番人気クラブのキットを着ている少年たちもいたが、日本代表のキットなど着ていったうちの息子はマイノリティ中のマイノリティだ。しかも、そのチームがまた、どちらかと言えば強くないことで有名である。そりゃからかわれる標的にはなるだろう。

「明日は日本代表のは着たくない」

「ほんなこと言ったたって、あんたブライトン&ホーヴのキット持ってないじゃん」

「ウエストハムのキットを着る」

「いや、それもブライトンじゃ超マイノリティだよ。強いわけでもないし」

「ウエストハムなら何と言われてもいい。〝僕のチーム〟だから」


ある日、食事中にうちの息子が、妙に青年っぽく潤んだ瞳で言った。

「こないだ、父ちゃんとロンドンに行ったとき、ウエストハムのリュックを背負って行ったんだ。地下鉄を降りて、プラットフォームを歩いていたら後ろから男の人がいきなり僕のリュックをパンチした。で、彼は言ったんだ。『ウエストハム・フォー・ライフ』って」

わたしは黙って聞いていた。あれほど熱っぽく、しかし静かな息子の微笑は見たことがなかった。八歳児があんな顔するのかよと思った。


またあるとき、息子は言った。

「母ちゃんは実用的なことを教えてくれるけど、父ちゃんは人生について話してくれる」

「たとえば、どんな?」

「僕たちは一度このクラブをサポートすると決めたら一生変えないんだとか、そういうこと」

要するにフットボールである。

うちの息子がウエストハムのサポーターである理由は、ロンドン東部で生まれ育った連合いのローカル・クラブがウエストハムだったからであり、彼の「ウエストハム・フォー・ライフ」はいわば世襲のものである。フットボールには「世襲」だの「帰属」だのといった風通しの悪いコンセプトがつきまとう。そもそも、「○○・フォー・ライフ」などという思い込みのほとばしりは限りなく愛国精神じみているし。フットボールがウヨク的と言われる所以だろう。

『Awaydays』という映画があった。一九七九年の英国北部の若者たちを描いた作品であり、サッチャーが政権に就いた年の灰色の北部の街で、この映画の主人公は、もともとは音楽好きのオタクっぽい男子だったのだが、ある青年と知り合ったことをきっかけに、フットボール・フーリガニズムに惹かれて行く。おとなしいレコード・コレクターだった本作の主人公は、この青年に知り合うまでは田舎のヤンキー文化には溶け込めなかった。そういう主人公がなぜかフーリガンたちの世界に憧れ、飛び込み、やがてグループの中で最も凶暴なメンバーになる。

男子が暴れたくなる理由はホルモンの暴走とかいろいろあるんだろうが、この映画では、閉塞や孤独やノー・フューチャーな感じ、禁じられた同性愛などの対極にあるものへの渇望。が満たされないゆえに疾走する行為として描かれている。そして、あの徒党感。「族」を描く映画には欠かせない、「横並びに共に立っている」という感覚である。それはうちの息子が駅でウエストハムのリュックをパンチされた体験を語るときの、潤んだ微笑でもある。

一方、若き左派論客オーウェン・ジョーンズは微笑どころか、『ガーディアン』紙ですすり泣いていた。この人はダイハードな左翼ライターとして有名で、左派のわりにはまったくヒューマニティを感じさせないほど沈着冷静、皮肉屋で残酷。眉ひとつ動かさずにバサバサと右派を斬る人なのだが、その彼が『パレードへようこそ』という映画を見て「僕はすすり泣いた」などと新聞に書いていた。

同作もサッチャー時代の話らしい。炭鉱労働者たちのストライキをサポートするために同性愛者コミュニティが立ち上がる。という実話ベースの話だそうで、これを見てあのオーウェン・ジョーンズが泣いたというのである。

「サッチャーが殺すことができなかった伝統がある。それは英国人のソリダリティだ。どれほど彼女が個人主義の鉈を振り下ろしても、この伝統だけは殺せなかった」

と彼は書く。うーむ。これも「横並びに共に立つ」というアレだよなあと思った。

思えば、たとえばこのアラフィフのばばあが育ってきた時代から現代まで、西洋文化にかぶれた日本人にとっても、ソリダリティというやつは最もダサいもので、憎むべきものであった。個人主義こそがクールで、おまえはおまえで俺は俺。群れる奴らは弱いとか、団結はおロマンティックなバカどもの幻想だとか言われてきた。わたしなんかも、すっかりその洗脳にやられて生きてきた老害ばばあである。

最近、UKでは頻繁に「サッチャー」という言葉を耳にする。一つのキーワードになっていると思うが、この国で育った人間たちはいま、つらいのだと思う。組合は駄目、フーリガンは駄目、福祉国家は駄目（この駄目というのは、禁止という意味ではない。「もはやお話にもならないもの」ということ）、人間が結束することをすべて駄目化する形で庶民は分割統治されてきた。「自分の力」主義が花開く上昇の時代ならそれでもよい。が、人が支え合わなければ生き残れない下降の時代になっても個人主義という基本は変わらない。それでもソリダリティに惹かれてしまう者は、それこそ左から右にジャンプするしかないというか、レコード・コレクターの世界からフーリガニズムに飛び込むしかなかったのだ。

けれどもそこはやはり人間が繋がることが駄目化された社会なので、『Awaydays』でも主人公の一人は自殺するし、もう一人は「やっぱ結束なんてクソだよな」とフーリガンを抜ける。『パレードへようこそ』のほうだって、炭鉱労働者たちが現実にどうなったかを考えると「勝利」みたいなハッピーエンドではないだろう。が、きっと人間のソリダリティを否定しない形で終わった映画だからこそ、オーウェン・ジョーンズのような人まで泣いたのではないか。

ソリダリティはいいことなんだよ。と言ってくれる人はこれまでいなかったから。

サッチャーからはじまった個人主義の果てにあった修羅のごときブロークン・ブリテンに、きっとみんな疲れているのだ。だからちょっとソリダリティとか言われたら泣いたりする。

アホか。ゲット・リアル。

とはわたしはもう思わない。

次の時代は、意外とそういうところからはじまるかもしれないからだ。

ターキッシュ・ホリデイ（トルコの休日）

2016.7

そもそも夏の休暇にトルコに行くことにしていたのは、三年前から同国に住んでいる保育園勤務時代の同僚に会いにいくためだった。

それが七月一五日夜にクーデターが勃発してメディアが大騒ぎになったものだから、事件の四日後に飛行機で現地入りすることになっていたわたしたちは英国外務省のサイトに釘づけになった。エルドアン大統領がクーデター勃発当時に休暇で滞在していたリゾート地マルマリスがわたしたちの行く先だったので、外務省のサイトで「マルマリスの一部道路が閉鎖され、銃撃戦が行われた」などと書いてあるのを見れば、「こんなときにトルコでバカンスしようなどと思っている人は大馬鹿者」という論調も一理あると思えた。が、「全然大丈夫だよ。観光客のキャンセルが相次いでいるみたいだから、むしろ来てくれたほうがうれしい」という元同僚ルーシーの言葉を受け、わたしたちはダラマン空港に飛んだのである。

エルドアン大統領が宿泊していたホテルが爆破され、軍の反乱勢力と治安部隊の銃撃戦が行われたと報道されていたマルマリスは、拍子抜けするほど平和ですっかり明るい夏のリゾートと化していた。

こういうことは「ワールドニュース」ばかり見ていると往々にしてある。英国の国民投票でEU離脱が決まったときにも、何かもう英国では国中が混乱し、明日への不安で国民がパニックしているようなイメージがグローバルになった（はずの）メディアでは伝えられていたようだが、現地はけっこうふつうだった。みんないつも通りに職場に行き、学校に行き、サンドウィッチ屋でランチを買い、仕事帰りにパブで酒を飲んでいた。「悲嘆にくれる国民たち」「再投票を求めて国会前に溢れて激怒する国民たち」などというのはほんの一部の人々にすぎず、そんな少数の人たちを「国民たち」と表現されても困るのだが、グローバル・メディアというものはそういう誇大広告みたいな報道をやりがちであり、お蔭でわたしなんかも日本の親戚や知人たちから「もうお前は日本には帰ってこられなくなるのか」「何か困ったことがあったら言ってくれ」みたいな、なんだなんだわたしが知らない間に欧州で第三次世界大戦でも勃発したのかと思うようなメールや電話が殺到したのだった。

クーデターが起きた後のトルコもそれと同じような感じだった。笑ったのはマルマリスのバーで世間話をしたリーズから来た観光客の英国人女性だ。

「ちょうど飛行機でダラマン空港に着いて、そこからトランスファーのバスに乗ってホテルに辿り着いたとこだったんだけど、レセプションでチェックインの手続きをしていると、外でパンパン音がするから、花火をやってるんだろうと思ってたのよ。そしたらあんた、後で聞いた話では、あのパンパンやってたのが銃撃戦だったんだって」

と彼女は余裕で笑いながら言っていた。

「そういえば、わたしが日本で住んでいた街も、ヤクザって呼ばれるマフィアがよく銃で撃ち合ったりする地域があってね、そこの人たちも『いやー、ゆうべはパンパン音がして眠れなかったから、また一〇代の子どもたちが爆竹でも鳴らしてんのかと思ってたら、朝になったら近所の家の窓に弾丸の穴が三つ開いてた』みたいなことを平気な顔して言ってた」

日本の福岡という街の出身であるわたしはそう答えたのだったが、ここらへんのノリはリーズでもガラの悪い地区に住んでいるという英国人のワーキングクラスのおばちゃんにはパーフェクトに理解してもらえたようだった。

「世界は急に暴力的になっている」

と眉間に皺を寄せて悩む人々もいる。が、世界という場所は局地的にはそれ以前も十分に暴力的だったのであり、ただそういうことはグローバルに報道されないから、世の中は一様に平和なんだと「局地」以外の在住者たちは信じ込む。しかし、世の中には経済格差があるのと同様、平和格差だって存在している。

そんなこんなでクーデター後のトルコのリゾートを満喫していると、元同僚のルーシーがホテルに訪ねて来た。見るからにすっかり痩せたルーシーは、すでに彼女の体の半分の大きさはあるかと思えるような三歳にしては大柄な息子を連れてやってきた。思えば三年前、いわゆる「できちゃった婚」でトルコ人の青年と結婚した彼女の挙式に出席するため、わたしや数人の保育園の同僚たちはみんなで飛行機に乗ってマルマリスにやってきたのだった。大きなお腹を抱えた二〇代半ばのルーシーは、

「愛」と「新たな生命」は、国境も言語も宗教も超えるのだと信じて疑わなかった。英国の両親や兄弟たちに猛反対され、家族は一人も出席しなかった結婚式に、「じゃあ私たちが給料から積立てをしてみんなで行こうよ」と言い出したのはマネージャー代理のベテラン保育士だった。彼女も若い頃にギリシャ人の青年と恋に落ち、結婚を考えたこともあったが、両親に反対されてやめたと言っていた。「まあそれもあったけど、ギリシャ人のマッチョな考え方がだんだん鬱陶しくなってきたっていうのもあった。地中海の国の男と結婚するには、私はフェミニストすぎたのよね」

五〇代の彼女はそう言って、地中海に面した国の男であるばかりか、イスラム教徒でもあるトルコ人男性と一緒になることが英国人女性にとってどれほど大変かという現実を懇々とルーシーに説教していた。が、それでも彼女の決心が固いことを知ると、部下であるわたしたちに積立てを勧め、複数の保育士が一緒に休みを取れるように保育園の人員スケジュールを調整したりして、遠い国で行われる結婚式で花嫁が寂しい思いをしないで済むようにしたのだった。

ルーシーが結婚したトルコ人青年は、ブライトンのレストランで働いていた。ところが恋人のルーシーが妊娠したのと同じ時期に、マルマリスでレストランを経営していた父親が病気になり、トルコに戻ることになった。観光客向けのリゾートのレストランは、三年前には英国人やドイツ人、フランス人などの観光客でにぎわい、大繁盛しているように見えた。実際、ルーシーの夫が家業を継いでから、マルマリスから少し離れたオルデニズに支店も出してビジネスを拡張している。しかし近年のトルコでのテロ事件で観光客が激減し、経営が苦しくなっているようだった。その上、追い打ちをかけるように先般のクーデターである。

「あのクーデターで、マルマリスのホテルの予約の約四割がキャンセルになったらしい」

とルーシーは言った。

「テロだけでも商売あがったりなのに、またこんなことが起きて……。トルコ経済は観光に頼っている部分が大きいから、特にマルマリスのようなリゾートではダメージが深刻」

そう言ってため息をつくルーシーの脇で走り回っている息子の様子が、自分が想像していた三歳児のそれとは違っていることにわたしはすぐに気づいた。

彼はルーシーの言葉にも、わたしや配偶者の言葉にもまったく反応せず、こちらの顔を見ることもなく、ただ自分の関心の趣くままに走り始めたり、一目散にホテルの備品に突っ込んでいこうとしたりする。ルーシーはそんな息子の背後に立って、それとなく彼の動きを止めるために両手で抱き止めたり、彼の前方に立ってそれ以上彼が前進できないようにしたりして、いかにも慣れた様子で息子が大きな危険を冒さないように監視している。

慣れているのは当然だ。ルーシーは英国で、同じような特徴を持つ子どもを専門に預かる保育士だったのである。わたしもそうだった。わたしたちはまったく同じ部署で働いていたので、わたしには彼女の行動の意味がよくわかったし、何より彼女自身がそうした子どもを持つ親になっていたことに正直なところ驚いたが、なるべくそれを顔に出さないようにしていた。

「……もうわかっているでしょう」

そんなわたしの、平静を装い続ける不自然な笑顔に気づいたのか、ルーシーは自分からそう言った。

そうなれば、わたしも単刀直入に質問するだけだ。

「診断はもう出ているの?」

「この国は、英国と違ってそういうところが遅れているというか……。幼児の発育には差があるからといって、病院に連れていってもまともに取り合ってくれない。それに、うちの夫も家族も、はっきり知るのを嫌がっていて、私が投げたボールを先に転がそうとしてくれない……」

ルーシーはそう言って、泣きたいのか笑っているのかわからない顔で微笑んだ。

ルーシーの長男は自閉症である可能性が高かった。

わたしとルーシーは同じ保育園でスペシャル・ニーズを持つ子どもたちのサポートをする部署の保育士として働いていたので、ダウン症や自閉症の子どもたちの担当保育士として毎日一対一で保育にあたっていた。だから、自閉症の幼児の特徴的な行動をよく知っている。トルコでなくたって、英国でだって親たちは幼児のこうした症状を「たんなる発育の遅れ」「年齢が上がれば変わるに違いない」と信じ、なかなか医療機関や行政に助けを求めないことが多い。自分の子どもが他の子どもたちと違うことに何らかの医学的根拠があると認めるのは、親にとってはつらいことであり、それゆえ勇気のいることだからだ。けれども、そうした子どもや親たちと一緒に働いてきた保育士自身が自閉症の子どもを持った場合、「たんなる発育の遅れ」と自分を誤魔化すことはできない。残酷なことに彼女には、自分の子どもの一挙一動を見るだけで、それが何を意味しているのか、誰よりも明確にわかってしまう。

ホテルのロビーに座っていると、大きなスクリーンにBBCワールドニュースが映し出されていた。その日のトップニュースは朝からずっと日本で起きた事件のことだった。相模原障害者施設殺傷事件のことがここでも大きく報道されていたのである。欧州国からの観光客が多く宿泊しているホテルのロビーでは、常に英語のテレビ番組が流れていた。

「容疑者は事件の起きた施設で働いていたことが明らかになっています」

女性のニュースキャスターがそう言ったとき、ソファの裏側でゴミ箱の中に入っていた空き缶を出して遊び始めた息子の脇に座っていたルーシーが頭を上げて、テレビのスクリーンに目を遣《や》った。

「え?」

「なんかそうらしいんだよね。日本語のウェブサイトにも今朝そんなことが書かれていた」

「……すごく嫌な展開になってきたね」

そう言ってルーシーが目を離した隙に、彼女の息子がぽーんと空き缶をレセプションのほうに向かって放り投げた。三歳とは思えない手首のスナップの強さだ。驚くほど缶が遠くまで飛んだ。それがプールのほうから戻ってきたカップルの宿泊客に当たりそうになり、急いでルーシーが謝りに走っていく。

ルーシーの息子はまたゴミ箱の中に手を突っ込んで中を探り出したので、ゴミ箱が倒れそうになった。わたしは思わず立ち上がり、傾いたゴミ箱を倒れないように手で押さえる。じっと彼の顔を見て微笑みかけるが、彼にはそこにいるわたしの姿は見えていなかった。

その晩、わたしと配偶者と息子はルーシーの夫が経営するレストランで食事をした。三年前に来たときには観光客で溢れ返り、ジャズバンドのライブ演奏も入っていて賑やかだったのだが、夜八時の稼ぎ時だろうに客はわたしたちともう一組いるだけだった。ライブ演奏も経費がかかりすぎるのでもう入れていないらしい。

「テロだ、クーデターだと、世界中で大げさに報道してくれるから、今年は夏なのに観光客がいなくて静かだ」

ルーシーの夫はそう言って笑っていたが、その裏には焦燥感が見て取れた。長い巻き毛の黒髪を後頭部で一つにまとめた彼の風貌は、トルコ人というより、スペインのフラメンコ・ギタリストのようだ。モントルー・ジャズ・フェスティバルのTシャツにジーンズをはいた彼の姿は、街で見かけるトルコ人の男性たちと違い、欧州の匂いがする。

「エルドアン政権は確かによくない。独裁者だ。リベラルな考えを持つトルコ人なら、みんな彼を危険だと思っている」

エルドアン大統領は女性蔑視的なスタンス、ネットへのアクセス制限などの言論弾圧、酒類規制法の導入などを掲げ、トルコをイスラム化させるとしてリベラルな人々からは嫌われている。彼が政権を退かなければ、トルコの民主化はありえないと彼らは主張する。

しかし、とルーシーの夫は言った。エルドアン政権に異議を唱え、クーデターを起こした軍の反乱勢力に反感を抱いたのは右派だけではなかったという。クーデターが発生したイスタンブールの街で反乱軍に立ち向かった市民たちは、髭を生やした右翼的なイスラム教徒の男性たちばかりだったように報道されていたが、とくに右翼でない人々もまたクーデターには迷惑しているらしい。

「僕たちの国には、過去にも何度も軍がクーデターを起こしてきた歴史がある。そしてそのたびに経済が悪くなる。少しずつ経済がよくなると、またクーデターが起きて貧しくなる。そんなことが続くと、みんなこんなことには飽き飽きしてくる」

客は二組しかいないのに店内には四人のウエイターがいて、そのうち二人は店の入り口に立ち、観光客が外を通るたびに出て行って話しかけ、客引きしていた。

「右とか左とかいうイデオロギーは、結局、庶民を貧しくするものにしかならないんじゃないかと思うときがある」

何かそれは深い言葉のような気がしてわたしは箸、ならぬフォークとナイフを止めた。

「庶民がまともに食えるようになってから観念を述べやがれってことだよな。その順番を間違うからブレグジットも起きた」

生々しいピンク色のステーキを食べながら配偶者が言った。

今年の夏ほど世界が動いていることを感じた夏はない。

それは多くの人々が危惧するように悪い方向に向かっているのだろうか。それとも、何か新しい方向へ、または基本の何かへ立ち返っていると見るべきなのだろうか。

そういえば、松尾匡さんが著書『自由のジレンマを解く』(二〇一六)の中で、生身の人間を「培地」、人間の行動原理を決める考え方やイデオロギーを「ウイルス」と呼び、人間は培地の上にウイルスが乗っかった存在だと書いていた。ならば、ウイルスが肥大して培地を病ませるようになると、生命体である培地は生き残るためにウイルスなんかいらないと叫び出すのではないだろうか。

ふと店の外に目を遣るとルーシーが道路の反対側にある広場で息子を遊ばせている姿が見えた。厳密に言えば、遊ばせている、というような優雅な感じではなく、いろんな方向に鉄砲玉のように飛び出ていく息子を追いかけているのだが。

「まず、生きること。それを忘れたらろくなことにならない」

連合いがそう言うとルーシーの夫も腕組みをして深く頷いた。

巨大な弾丸のように息子が腹部に突っ込んできたので、ルーシーがよろけて倒れそうになった。が、すんでのところで両脚を踏ん張って立ち止まり、おかしそうに大笑いしながら、ぎゅっと息子の頭を抱きしめる。その姿は三年前に保育園で働いていたときの彼女と同じようで、どこか違っていた。イングリッシュ・ローズもトルコでずいぶん逞《たくま》しくなったものだ。

フードバンクの勃興とわれわれの衰退

2016.9

嫌な予感はあったのである。

そもそも、底辺託児所時代から現在まで、夏休みなんてものは存在しなかった。中流層のプレスクールじゃあるまいし、下層の託児所に休みはないのだ。

だのに今年は託児所にも夏休みを設けるなどというので、確かにそのおかげで夏を満喫できたのではあったが、トルコの海岸でビールを飲むときも、日本の焼き鳥屋で焼酎を飲むときも、心の片隅にずず暗い不安がべっとり張り付いていた。

「もしかして、潰れるのかな」

それはもはやジョークではなかった。

「九月になってもオープンする目処《めど》が立っていない」と友人は言った。七月まで託児所を利用していた子どもたちの半数近くが九月から小学校に入学した。英語教室じたいの受講申し込み書も今年は思うように集まっておらず、託児所の必要性がなくなるというのだ。

緊縮託児所（こと底辺託児所）は、無職者や低所得者を支援する慈善センターの中にある。むかしは地方自治体からの助成金や企業、団体からの寄付が潤沢に入った。福祉や幼児教育への投資を積極的に行った労働党政権時代の底辺託児所の羽振りのよさは、いまでは遠いまぼろしだ。規模を縮小してひっそり運営してきた託児所がついに閉鎖する。

「でも託児所がなくなったら、このスペース、どうすんの？」

九月末、託児所の物品整理のため、わたしと託児所責任者の友人は、久しぶりに託児所の中にいた。

「フードバンクにするみたい」

と友人は答えた。

「……」

いま流行りのフードバンクである。緊縮財政が始まる前は、困窮者支援のさまざまなプログラムを行っていた慈善施設が、近年はどこもフードバンクに変わっている。慈善にもトレンドがあるのだろう。

「玩具はどうするの？　どこかに寄付するの？　それともリサイクリング部行き？」

「たぶんその両方。私物はさっさと持って帰っちゃいましょう。保育本とか長靴、レインコートもね」

私物を持って帰れと言われて事態が急に真実味を帯びて肌に迫ってきた。

わたしの保育人生のはじまりであり、すべてがここからはじまった託児所が、なくなるというのだ。

ふと目線を上げると、壁に飾られた子どもたちの絵が目に入った。模造紙を床に置いて、その上に子どもたちを寝転がらせ、一人一人の体の外側にフェルトペンを這わせてそれぞれの体の形を描き、顔を描かせたり、色を塗らせたりしたときの絵がまだ貼ってある。

ギャングスタラップ児のケリーが腕組みをしたまま寝転がるものだから、まるで小型のラッパーみたいにふてくされた形になっているのに笑った。彼女の天敵だった優等生のアンナが、絵の具の入ったコップをシェアしないケリーに腹を立て、どつき合いになったのを思い出した。コップが倒れてオレンジ色の絵の具がケリーの全身画に広がり、その上で乱闘していた二人の靴跡が生々しく残っている。点々と残された小さなオレンジの足跡を眺めながら、わたしは言った。

「お別れ会とか、しなくていいの？」

「九月から小学校に進んだ子たちのお別れパーティは七月にもうやったしね」

ドレスアップ用のコスチュームを一つ一つビニール袋に入れながら友人が言った。

「ねえ、玩具を家に届けてあげようか。特に、依存症回復者支援施設からうちに回ってきた子たちは、あんまり玩具とか持ってなさそうだった。ソーシャルワーカーにお願いしてもいいけど、三輪車とか、大きいものもあるし」

わたしはそう言った。

託児所に来ていた依存症回復中の母親たちは全員がシングルマザーで生活保護を受給していた。彼女たちの家庭は、英語教室に来ていた移民の家庭よりはるかに困窮しているようだった。

「ああ。それはいいアイディア」

と友人は言って、子どもたちの書類が入ったファイルを棚から取り出した。
「託児所に登録したときの書類に電話番号と住所があるから、まず電話して、玩具がいるかどうか聞いてみよう」

四歳児はみな九月から小学校に進学したので、託児所が開いていたとしても戻ってくる予定の子は四人しかいなかった。電話をかけてみると、移民の母親たちは特にほしい玩具はないと言った。依存症回復中のシングルマザーの一人は携帯の番号が不通になっていた。「くるくる旋回児」ジャックの母親だけが三輪車と大きな恐竜のフィギュアが欲しいと答えたので、友人の運転する車で早速とどけに行くことになった。

ジャックと母親が住んでいるのは、わたしの家からそう遠くない、というか、はっきり言って同じエリアの公営住宅地だった。この辺は、戦後に建てられた庭付きのファミリー向け公営住宅が丘の上にだらだらと繋がっているブライトンでも最大の公営住宅地の一つだが、その外れのほうに行くと、一九七〇年代に建てられた高層の公営団地がある。公営住宅はサッチャーの時代に払い下げになっているが、団地のほうはまだその大半が公営で、生活保護受給中のシングルマザーや失業者、低所得で住宅補助を受けている人などが多く住んでいた。

団地の前の駐車場に車を止めて、友人と一緒に車から降りると、細くて冷たい雨が顔に降りかかってきた。パーカーのフードを立てて雨の中を路上にたむろしているティーンたち。団地の入り口には、バギーに赤ん坊を乗せた少女たちが集まって、「ファッキン」連発で井戸端会議している。

ロンドン在住の日本人女性が「三人とか四人とか子どもを産むのは、いまや英国ではステイタスシンボルであり、『たくさんの子どもを育てる経済的余裕がある』という証」という趣旨のコラムを書いておられるのを読んだが、一度このあたりに来ていただければ、その同じ国には、三人も四人も子どもを連れている若いシングルマザーがぞろぞろいることを知ってもらえると思う。

労働党政権の時代には、子どもを産むことは下層の一〇代の少女たちのキャリアの選択肢の一つと言われた。国が住居を与えてくれ、生活費も養育費もくれて、働かずともシングルマザーとして生きていけたからだ。子どもが増えれば増えるほど手当も増えるってんで、いつ見ても妊娠している印象の娘たちさえいた。

だが、保守党政権が福祉の大幅カットを始めてからはそうもいかなくなった。二人目からは受給額が増えるそうだが、一人しか子どもがいないシングルマザーは生活保護だけでは生活が成り立たない状況になっているという。

「シングルキッドのシングルマザーには気をつけろ。妊娠させたら捨てられる」

というジョークが下層社会の青年たちの間で流行している昨今である。

ジャックの母親もそのシングルキッドのシングルマザーで、九月なのに底冷えのする真っ白な部屋を地方自治体から提供されていた。真っ白、というのは、家具がほとんどないので壁の白ばかりが目立つ、まったく生活感のない部屋という意味である。

二一歳のジャックの母親は、一〇代のときにドラッグ依存症になり、何度かリハビリを行ってはまたドラッグをやるようになって、を繰り返してきた。晩年のエイミー・ワインハウスのように痩せこけ、世の中の底の底まで見てきたというようなハードなコワモテなのだが、四階まで階段で三輪車と恐竜を運んできたわたしと友人を見て、にっこり微笑んだ。

「重かったでしょ。サンクス。ティー、飲んでく？」

と言うので、わたしと友人はソファに腰を下ろす。

がらんとした部屋だった。天井の縁や壁の上部にびっしり黒いカビが生えている。キッチンユニットのペンキが剝がれ、白と茶色のまだらのようになっていて、引き出しが二つなくなっているのが見えた。

「北部に引っ越すことになるかもしれない」

とジャックの母親は言った。

「ここはカビも生えるし、シャワーも出ないし、福祉に修繕してくれと頼んだら、北部に行けばもっと安くて快適な住宅が提供できるから引っ越したらどうかって。どうせ引っ越すなら、ジャックが小学校に上がる前がいいから」

わたしは友人と顔を見合わせた。最近、福祉から北部に移住を勧められる生活保護受給者が出てきていることが託児所の本体である慈善センターで問題視されているからだ。これはロンドンでは何年も前から行われてきたことだった。高額な家賃のロンドンの住宅を追い出され、北部の安い住宅に引っ越しさせられる。そこなら本人の住宅手当の中で家賃が賄えるので、地方自治体が足りない分を負担する必要がないからだ。近年、ロンドン並みに家賃が高くなってきたブライトンでもまったく同じ現象が起きているのである。

「でも、北部に家族とか、友人はいるの？」

わたしはジャックの母親に聞いた。

「ノー」

「じゃあ、心細いよね……」

「でも、仕事は見つからないし、しょうがない」

ジャックの母親はそう言って、苦々しい顔でティーを飲んだ。

EU離脱国民投票の後、英国は「裕福な南部」と「貧しい北部」に分裂した二つの国のようになってしまったと騒がれたが、考えてみれば当然だろう。政府はもう何年も前からシステマティックに貧者たちを北部に送り込んできた。まるで貧しいことを罪として、島流しにするみたいに。

「北部は、マンチェスターみたいな大都市でもない限り、ブライトンよりよっぽど求人少ないよ」

と友人が言った。

「だけど、せめて冬は暖かくて、カビも生えなくて、シャワーが使える部屋にジャックを住ませたい。住むところがきちんとしたら、他のことも考えられるようになるかなと思って」

ジャックの母親はそう言ってゴツゴツと痩せこけた指で両方のこめかみを押さえた。彼女には恋人がいたはずだがと思い、

「ボーイフレンドは、元気?」

と聞いてみると、

「あいつはあたしの妹とヤッたから蹴り出した」

と言っていた。

部屋の隅で恐竜のフィギュアで遊んでいたジャックがソファのほうに近づいてきた。母親の前に立って「ジュースが飲みたい」と言っている。

「ちょっと待って、マミイ頭痛がするから」

と言って、ジャックの母親が急にうつむいて頭を抱え込んでしまったので、

「あ、じゃあ、わたしがやろうか？　ジュース、冷蔵庫の中？」

とわたしは言ったが、ジャックの母親は何も答えずに両手で頭を抱えて反応しない。

「ジュース、冷蔵庫の中」

ジャックがそう言ってわたしの手を取るので、立ち上がってキッチンに行って冷蔵庫を開けた。中はがらんどうだった。オレンジジュースと牛乳、マーガリン、食パン、チェダーチーズ。小さな子どもがいる家の冷蔵庫に、それだけしか入っていない。オレンジジュースのカートンを持ち上げると、いやに軽い。コップに注ぐとほとんど残っていなかった。

「MORE!」

とジャックが言うが、他にカートンも見当たらないので、

「ごめん。これだけしかない」

と言うと、ジャックの母親が頭を上げて言った。

「職安のファッキン・サンクション（制裁措置）で、金を止められてるんだ」

「サンクションって、こんな小さな子どもがいるのに？」

とわたしは驚いて聞いた。ジャックの母親と友人が同時に頷いている。

「いまはね、シングルマザーだって他の失業者と同じ扱いで、職安があれこれ難癖をつけてはサンクションをかけるようになっている。子どもがいるからって、むかしみたいに優遇はされない時代になってる」

と友人が言った。しばらく民間の保育園で働き、託児所に戻ってきてからも、主な利用者は専業主婦をしている移民の母親たちだったので、わたしの生活保護に対するミクロな知識は、底辺託児所時代で止まってしまっていたのだった。

「だってサンクションって、しばらく生活保護の給付を止めるってことでしょ？」

「子どもの預け先が見つからないから夜のシフトがある仕事はしたくない、って紹介された仕事を断ったら、四週間生活保護を止められた」

とジャックの母親は言った。

職安がサンクションをかけまくっているのは保守党政権下の下側社会では有名な話だ。

「こいつはまともに仕事を探していないし、働く気がなさそうだ」と彼らが彼らの尺度で判断すると、福祉が独断で失業保険や社会保険の給付を一定期間止める。いきなりライフラインを止められるのだから、餓死者が出てニュースになったこともある。しかし、子どものいる家庭に対してもそんなことがされていたとはわたしは知らなかった。

「どうやって食べてるの？」

とわたしが言うとジャックの母親が言った。

「一日に四ポンドって決めてそれ以上は使わないようにして、缶のビーンズとチーズとトーストで食いつないでる」

　一日四ポンドで何が買えるのだろう。スーパーでランチのサンドウィッチを買っても三ポンドはするのだ。わたしはソファに戻ってバッグを手に取った。

「スーパーまで乗せてってくれる？」

　と言うと、友人が頷いて立ち上がった。

「買い物に行ってくる。料理とか、する人？　それとも、レンジでチーンできるものがいいかな」と言って気づいた。彼らのキッチンにはレンジもなかった。

「そういうのやめてくれない？　あたしたちはファッキン物乞いじゃないんだ」

　ジャックの母親がしゃがれた声でそう凄《すご》んだ。

「あげるなんて誰も言ってないでしょ。いつかお金ができたときに、私たちの慈善センターに寄付してちょうだい」

　友人がそう言うと、

「オレンジジュースが欲しい」

　とジャックが言うので、

「いっぱい買ってくるよ」

　と答えると、こちらに走り寄ってきてわたしにだっこをせがんでいる。

「僕も行きたい」

「えっ？　ジャックも来たい？」

そう言って両手を差し出すと、おとなしくジャックが抱かれてくる。二か月前より痩せている。怒りを抑えられなくなると奇声を発しながらくるくる旋回するジャックが、こんなことではダイナミックにスピンするエネルギーすらなくなるではないか。

「連れて行っていい？」

ジャックの母親に聞くと、彼女はホッとしたような顔で「プリーズ」と言った。ひどく疲れているようだった。

団地の階段を下りながら友人が言った。

「慈善施設がフードバンクに変わっているのは、このせいなのよ」

「え？」

「福祉がサンクションを連発するから、文字通り、日々の食事ができなくなる人たちが増えている。だからフードバンクが国中に必要になって、政府は『フードバンクは社会の一部』なんて言ってる。いったいどんな社会にしようとしてるんだろうね」

と友人は続ける。

貧困地域の託児所がフードバンクに変わる。

それは英国社会の流れをそのまま体現していたのだ。

「……何がフードバンクだよ」と呟くと、

「フード！　フードバンク！」

とジャックがわたしの言葉を繰り返した。

「フードバンクじゃないよ。フードを買いに行くんだ。何が食べたい？　ソーセージ？　バナナ？」と聞くと、

「チョコレート！」とジャックが言った。

「ヨーグルトも好きだったよね、ジャック。ブレッドスティックも」と友人が言う。

「チョコレート！　チップス！　ヨーグルト！　ブレッドスティック！　ソーセージ！」とジャックがわたしの腕の中で食べ物の名前を連呼する。元気に叫んでいるがその体は赤ん坊ぐらいの重さしかなかった。

「……託児所をフードバンクにしやがって」

悔しさで目の前が滲んできたので、足元に気をつけながらわたしはジャックを抱いて階段をそろそろと下りていった。

ザ・フィナーレ
笑《わら》い勝《か》ってその日のために

2016.10

フードバンクに変わる前夜のがらんとした託児所で、わたしたちはワインを飲んでいた。最終日の大掃除に参加したメンバーは、最後の託児所責任者となったイラン人の友人、レイチェル、レナータ、ヴィッキー、そしてわたしの五人だった。

飲酒問題を抱えた利用者が多いことから、託児所が入っている慈善センター全体で厳格にアルコール持ち込みは禁止されているのだが、

「見つかったところでどうなるわけでもないしね。この託児所、もうなくなるんだし」

という友人のやけくその決断もあり、閉館後の誰もいない時間帯に大掃除の打ち上げというか、とにかく一杯やることになったのだった。

託児所は七月に夏休みに入ったままふたたびオープンすることもなく閉鎖になった。だから五人が顔を合わせるのは久々だ。しぜん、各人の今後の身の振り方が話題になる。イラン人の友人は、しば

らく派遣保育士をやりながらさまざまな保育施設を観察したいという。ホームレスのシェルター内にある託児所の責任者になってくれないかという話もあったようだが、なぜかその話は断ったようだった。ダイハードな反戦・反核活動家のレイチェルは、スコットランド沖の核ミサイル、トライデントの更新に反対するため現地入りするのだそうだ。そこで何をするのかはわたしにはよくわからない。身重のレナータはしばらく故郷のポーランドに帰るそうだ。英国のEU離脱が決まったいま、将来のことを考えると不安に襲われるときがあるので、生まれてくる赤ん坊のためによくないと決めたらしい。

そしてギャングスタラップ児ケリーの姉、ヴィッキーは、七月にハイスクールを卒業し、アプレンティスシップと呼ばれる見習い制度で民間の保育園で働きながら保育士資格を取るコースに通い始めていた。緊縮託児所でヴォランティアした経験を活かし、九月から始めたばかりの仕事にしてはすっかり慣れた様子だそうで、早くも園の人気者らしい。

ヴィッキーは九月から小学校に通い始めたケリーの写真を見せてくれた。制服のある公立小学校なので、水色と白のギンガムチェックのワンピースを着せられて明らかに不機嫌そうな顔で写っている。いつもアディダスのジャージにサングラスをして、ミニチュアのラッパーみたいに決めていたケリーとしては、こんなダサい恰好は受け入れられないだろう。

「こんなしおらしい恰好させられちゃって……。ははは」

とわたしが笑うとヴィッキーが言った。

「本人はめちゃくちゃアンハッピーで、どうして女の子はスカートをはかなきゃいけないんだ、そんなの誰が決めたんだって担任に文句言ったらしい」

「えらい！　それは正しい」

赤ワインの入ったマグカップを片手に友人が言った。

「そうだね。それがこの託児所の伝統的スピリットだったんだものね」とわたしも頷く。

〝ふつう〟の概念を疑え。

それはこの託児所を設立したアニーのモットーだった。人は大人になると仕事をするのがふつう。どうして？　一家は勤労する親の収入で生計を立てるのがふつう。どうして？　子どもには父親がいて母親がいるのがふつう。どうして？　両親は異性どうしなのがふつう。どうして？

どうして？　と疑わずにはいられないような家庭環境で育っている子どもたちや、どうして？　と疑う人が社会に増えればいいという思想を持つ人々の子どもたちが通っていたのがこの託児所だった。

それは保守党が政権を握って緊縮財政に舵を切り、福祉や幼児教育への財政支出をバサバサ切り始める前の、底辺託児所時代の話である。あの頃の託児所は「なんでもあり」で、めちゃくちゃな場所だったが、変な話、底辺はまだ幸福だった。「底辺」の時代は「緊縮」の時代より、よっぽど躍動感があって楽しかったのだ。

「最初にこの託児所に来たとき、英国ってこんな国だったのかって、ポーランドから出てきたことを後悔した。私は豊かな国に来たつもりだったのにって」

レナータはそう言って笑った。彼女も古参のスタッフである。

「ははは。凄かったからね。あの頃は」とレイチェルも笑う。

「私はもしかして英国じゃなくてインドに来たんじゃないかと思った。特に、あの頃の食堂の光景」

レナータが言うと友人も思い出し笑いをしながら言う。

「ああ、ヒッピーみたいな、髪が天然ドレッドヘアになったアナキストがたくさんご飯食べてたからね。裸足で床に座っていきなり瞑想始める人とかいたし」

「いつも誰かが喧嘩してたよね。貴様はアナーコ・キャピタリストだとか、俺はアナーコ・コミュニストだとか、アナーコなんちゃらがいっぱいいて、やたら唾をとばして議論してた」

とわたしも言う。

「子どもたちもまた悪くてね」

「そうそう。髪の毛ひっぱられるたびにごそっと抜けるからそのうちハゲるんじゃないかと思ってた」

当時を思い出してそう語り合っていると、急に目の覚めるようなラテン系の美人が入ってきた。

「ロザリー！」

友人が立ち上がり、彼女のほうに近づいていてハグする。

ロザリーは相変わらず楚々とした笑顔を浮かべていた。

「ごめんなさい。遅くなって」

彼女も底辺託児所時代のヴォランティアの一人だった。というか、もっと昔に遡れば、卒園生の一人でもある。託児所の近所で育った彼女は、家庭の事情が複雑で、半分この託児所のスタッフに育てられたようなものだった。彼女のような境遇で育った若い娘は、だいたい（彼女たちの母親のように）

一〇代で妊娠・出産し、この託児所に子どもを預けにくるのが常だったが、ロザリーはヴォランティアとして託児所に戻ってきた。そしてアニーの愛弟子となって保育士の資格を取り、大学で幼児教育を学んでいたが、保守党政権の緊縮財政政策で保育士への奨学金制度が廃止されたため、中途退学を余儀なくされた。だが、底辺託児所で最もアニーに信頼されていた優秀な保育士であるロザリーは、市内の名門私立校付属プレスクールに就職し、めきめき頭角を現していまや三歳児クラスの主任である。

　そのロザリーが今日ここに来た理由をわたしたちはみな知っていた。

　彼女はアニーの代わりに来たのである。

　託児所の初代責任者だったアニーは、自分が立ち上げた託児所の最後の日の大掃除を見届けたいと言っていたが、体調がそれを許さなかったのだ。

「大掃除、もう終わっちゃったのね」

「うん。終わったからワイン飲んでる」

　わたしはそう言ってロザリーにマグを渡して赤ワインを注ぎ入れる。

「掃除を手伝ってもないのに、ワインだけ飲んじゃったら、アニーに叱られそう」

　ロザリーはそう言って笑った。

「……アニーはどう？」

　ワインボトルの蓋を締めながらわたしはロザリーに尋ねた。

「化学療法で参ってる。吐いたり、全身がしびれたり、突然、加齢したような感じ。彼女は年齢にしてはとても若く見える人だったから」

　とロザリーは答えた。

　彼女のコロンビア出身の母親はヘロイン中毒、英国人の父親はＤＶや暴行事件で何度も服役、祖母も盗品を売りさばく闇仕事をしていたそうで、幼い頃、ソーシャルワーカーに取り上げられそうになったロザリーは、二年ばかり、アニーの家に預けられていたことがあった。そのときに一緒に住んでいたのが縁なのか、大きくなって再会したのがきっかけだったのか、ロザリーは現在アニーの一人息子の恋人であり、彼と一緒に暮らしている。

「わたしの配偶者も癌の治療をしたことがあるから、わかるよ」

　わたしはそう言ってワインを飲んだ。うちの連合いが末期癌の宣告を受けた翌日、託児所で子どもたちと遊んでいたわたしを見ていたアニーが、「何かあったの？」と尋ねてきた。「いいえ、別に何も？」ととぼけたのだったが、数週間後、アニーはまったく同じ質問をわたしにした。急に暗くなった家庭のムードを反映していたうちの息子の微妙な変化は、アニーのような幼児教育のプロには見逃せるものではなかった。一歳の息子にストレスを感じさせていることが情けなく、つい涙ぐんでしまったわたしの肩をアニーは抱いた。

「大丈夫。空疎な言葉だけど、人はその気になればどんなことでも大丈夫にできるんです。人間の偉大さはそれに尽きる」

　彼女はわたしの傍らに座ってそう言ったのだった。

「大丈夫だよ。うちの連合いだって、九年前にステージ四の癌とか言われたくせに、治療して、まだしぶとく生きてるし」

今度はわたしがこの言葉を使う番だと思って、わたしはロザリーに言った。

「うん。私もミカコのハズバンドの話を彼女によくしている」

というロザリーに、イラン人の友人も言う。

「大丈夫。ってのはアニーの口癖だったもんね。誰かに殴られた子どもが床に血を流して倒れていても、大丈夫。赤ん坊の頭を水槽にざぶんと突っ込んで大泣きさせている幼児がいても、大丈夫。いやそれは大丈夫じゃないんじゃないですか？　と思う局面でも常に涼しい顔で笑っていた」

「この託児所だっていまは無くなるけど、時代が変われば復活する。いつかまたどこかで誰かが始めるから大丈夫だと彼女は信じている」

そう言ってロザリーは大きなバッグの中に手を突っ込み、色画用紙で作った冊子を取り出した。

「そういえば、これを、あなたに渡して欲しいって」

唐突にロザリーから手渡されてわたしはその表紙を見た。コンピューターで検索してプリントアウトしたらしい「幸運」という漢字が貼られ、その下に「Good Luck」と英語で書かれている。

「あ、これ！」

わたしはびっくりして声をあげた。それはわたしが六年前に底辺託児所をやめたときに、スタッフや子どもたちが寄せ書きしてくれたフェアウェル・カードならぬフェアウェル・ブックだった。託児所のスタッフがやめるときには最後の日に渡すのが慣わしになっていて、わたしも貰ったのだがうっかり託児所に置き忘れて帰ってしまい、「そのうち取りに行きます」と言いながら、そのままになっていたのだった。

アニーが託児所をやめたときに、紛失すると嫌だからと言って自宅に持って帰ったとは聞いていたが、すっかりそんなものの存在はわたしのほうでは忘れてしまっていた。が、アニーはまだ覚えていたのだ。さすがである。師匠は何も忘れない。

ぱらぱらとブックの中をめくって見た。子どもたちが描いた絵が貼られていた。寄せ書きといっても幼児に字は書けないので、子どもたち一人一人にやめるスタッフの絵を描かせるのが通例になっていたのだ。

モーガンが描いたわたしの絵は、丸い骸骨風の頭から線状の足がダイレクトに伸びていて、ハロウィンのシーズンにはぴったりな作品だった。いつもわたしの顔のホクロを指さして、「これ、鼻くそ?」と聞いていたノアが描いたわたしは、点々で覆われた麻疹の患者のような顔になっていた。ジェイコブが描いたわたしは、いつもポニーテールに髪を結んでいたからか、頭のてっぺんからトウモロコシの毛みたいなものが垂れており、全体的に細長くモデル体型で実にいい感じだが、よく見ると腕がついてない。中国人のユエンは他人には見えないものが見える子どもだったのか、わたしが三人いる。みんな一生懸命に描いてくれたのが伝わる絵だった。

後ろのページにはスタッフの寄せ書きがあった。アニーからのメッセージも書かれている。

「あなたは託児所で一番ビッグなスマイルを持った人でした。あなたは子どもたちを笑わせることができる。自信をもって。KEEP ON SMILING」

もう駄目だった。目から生ぬるい水が垂れてくる。

「こういうのを見るときが一番うれしいよね」

「うん。保育士をやっていてよかったと思うのはこういう瞬間」

友人とロザリーが顔を見合わせながらそう言った。六年前、託児所を去ったときにもらったブックを、託児所が閉まる夜に見て泣いているなんて、どういう星の巡り合わせなんだろうと思った。まったく何の因果か潰れた保育園から潰れかけた託児所に戻ってきて、やっぱり潰れたではないか。復興ならず、第二ラウンドは敗退だ。

脇からティッシュの箱を差し出してくれたヴィッキーにわたしは言った。

「そのうち、あなたもこんな風に泣くときがくるからね」

新米保育士のヴィッキーは黙って笑っていた。ちーんと鼻をかみながら見上げた窓の外の空はとっぷり暗くなっていた。


さて、それが一か月前の話である。

あの晩、がらんとしていた託児所には、食品会社の倉庫のようなスチール棚が並べられ、野菜や缶詰やパンや日用品がずらりと並んだフードバンクに変わった。

たまにフードバンクのヴォランティアに駆り出されるようになった。小さな子どもの手を引いてフードバンクに来る人がけっこういるのだという。彼らの親が係のヴォランティアと一緒に棚を回って食料品をもらっている間、わたしは退屈している子どもたちを庭で遊ばせている。

今年のカンヌで最高賞を受賞したケン・ローチの『わたしは、ダニエル・ブレイク』という映画の中に、フードバンクに子連れで出かけたシングルマザーが空腹のあまりその場でビーンズの缶詰をあけて手を突っ込んで食べ始めるシーンがあるが、似たような光景をわたしもすでに目にした。棚に並んだ食料を見て、我を忘れて叫び出した人や、ジャガイモを握りしめて泣き出した人もいた。

こんな親の姿は子どもには見せないほうがいい。

だからわたしは子どもたちを庭に連れ出して一緒に遊ぶ。雨が降ったら（そして英国ではいつも降っているのであるが）、小さなテントを庭に立てている。天井から糸でぶらぶらポケモンの切り抜きをぶら下げて、ポケステーションと名付けてやった。

底辺託児所時代にはアナキーで邪悪で手が付けられなかった貧民街の子どもたちが、フードバンクの時代にはみんなお腹を空かせている。二一世紀の英国はブロークン・ブリテンと呼ばれていたが、二〇一六年にはいきなりヴィクトリア朝時代になっていた。政治が変わると社会がどう変わるかは、最も低い場所を見るとよくわかる。最下層の子どもたちに未来を与えるためにアニーが作った託児所が、彼らをいま生きさせるための食料庫に変わってしまった。アニーやわたしたちがしてきたことが、フードバンクに負けたのだ。耳がある者は聞け。これが緊縮財政というものの縮図である。託児所、政治に完敗。

でも、実はそうじゃないんじゃないかと思えてきた。

空腹で力のない子どもたちを笑わせるのはむかしのように楽ではない。それでも、わたしがポケステーションでポケボールを投げられてヒクヒクしながら倒れるモンスターを真似るとき、テントの雨漏りが発覚し、読んでいた絵本の上に落ちてきた水滴に思わず「ファック」と卑語を発してしまうとき、彼らはおかしそうに笑ってくれる。

彼らの親たちがフードバンクに並んで尊厳をへし折られ、棚から食品をわしづかみにしてビニール袋に入れている間、子どもたちは楽しそうに笑っていてくれる。

笑っている限り、わたしたちは負けていないのだ。

KEEP ON SMILING

中書き

ふつう、本には「前書き」と「後書き」があるもので、その中間にくる「中書き」というのはあんまりないと思うが、本書の場合、最近の話が先に来て、むかしの話が後に来るという、変則的な構成になっているのでちょっと説明を加えておきたい。

ここからの文章は、すべてわたしが「底辺託児所」で働いていた頃にブログに投稿していたものだ。その頃の文章は、過去に出版された書籍にもすでに一部収録されているのだが、ここには単行本未収録の、二〇〇八年から二〇一〇年の間に書いた文章をまとめている。

前半の託児所と、ここからの部分に登場する託児所は、実はまったく同じ場所だ。が、その間にはわたしが民間の保育園で保育士として働いていた四年間が存在する。

そして、この空白の四年間は英国の下層社会が激変した時期と奇しくも重なっている。二〇一〇年に政権を握った保守党が緊縮財政政策に舵を切り、福祉、教育、医療への財政支出を急速に削減し、その影響がリアルに庶民の生活に出始めたのが二〇一一年のことだったので、わ

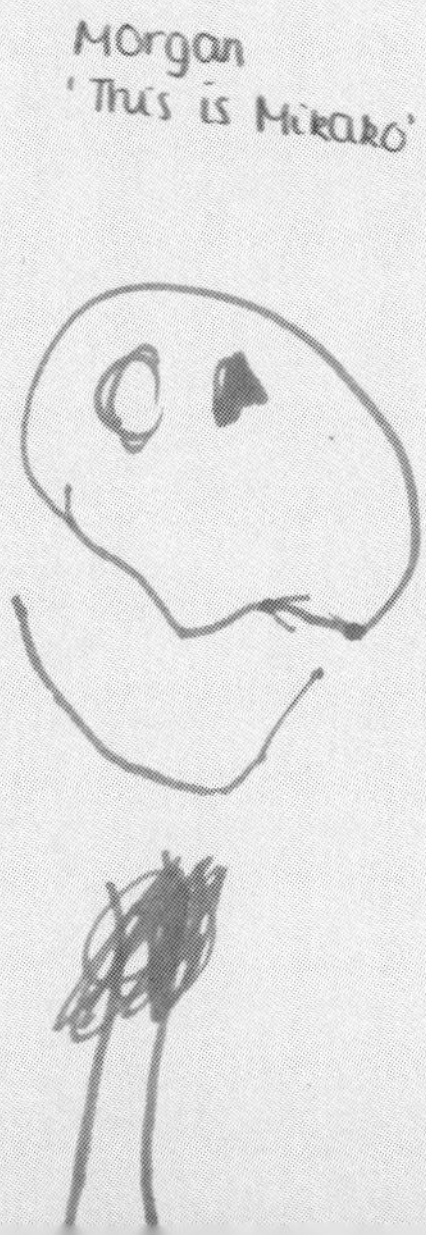

たしはそれを見る前に「底辺託児所」を去ったことになる。

無給のヴォランティアとして勤めていた託児所をやめ、有給で保育士として働いていた民間の保育園は、どちらかといえばブライトンでもヒップな地域にあり、ミドルクラスの家庭の利用者が多かったので、職場で政治の影響をそれほど感じることはなかった。だが、底辺託児所と、その本体である無職者・低所得者支援センターの事情は激烈に変化していた。だから、保育園が潰れて託児所に戻ったときには、わたしはその変容ぶりに驚き、怒りすら覚えたのである。

では、どうしてわたしはそんなに当惑し、怒ったのか。

むかしも底辺託児所は貧しかったし、緊縮託児所よりもカオスな場所だった。それは、モラルも何も崩壊してアナキーな国になった「ブロークン・ブリテン」を体現していた。

だが、そこには、現在のような分裂はなかったのである。

レイシスト的なことを口にする白人の下層階級も、スーパーリベラルな思想を持つインテリ・ヒッピーたちも、移民の保育士や親子も、同じ場所でなんとなく共生していた。違う信条やバックグラウンドを持つ人々は、みんなが仲良しだったわけでも、話が合ったわけでもないが、互いが互いを不必要なまでに憎悪し合うようなことはなかったのである。そこには、「右」も「左」も関係ない、「下側の者たち」のコミュニティが確かに存在したのだと思う。

英国のEU離脱選択や米国のドナルド・トランプ大統領誕生で、世界中のメディアで識者たちは「エスタブリッシュメントと民衆の乖離」を指摘するようになった。同様に、排外主義的な右派が世界で勢力を増しているのも、「左派と民衆の乖離」があるからだと言われている。他にも「差別者と反差別者」、「インテリと無学者」など、「乖離」「分裂」といった言葉が一種のキーワードのようになっているが、そんな世界情勢のなかで久々に読み返す「底辺託児所」の物語は、わたしにはアナキーな奇跡のように思われた。ほんの数年前のことなのに、いまならありえない話ばかりである。世界はこんなにも変わってしまったのだ。

むかしを懐かしんでもしかたがない。

むかしは違ったと言ってもしかたがないし、それは後退的だという人もある。だが、むかし存在した善いものがいま欠けているのなら、わたしたちはそこにあったものが何なのかを見つめる姿勢まで否定する必要はないと思う。

第II部は、わたしがまったくの素人として託児所の子どもたちや慈善センター関係者と触れ合った記録なので、わたし自身の立ち位置や目線もいまとは違うし、粗暴な表現もある。だが、底辺託児所に確かにあった何かを、ここからの部では読んでいただけたら幸いである。

II

底辺託児所時代

2008.9 − 2010.10

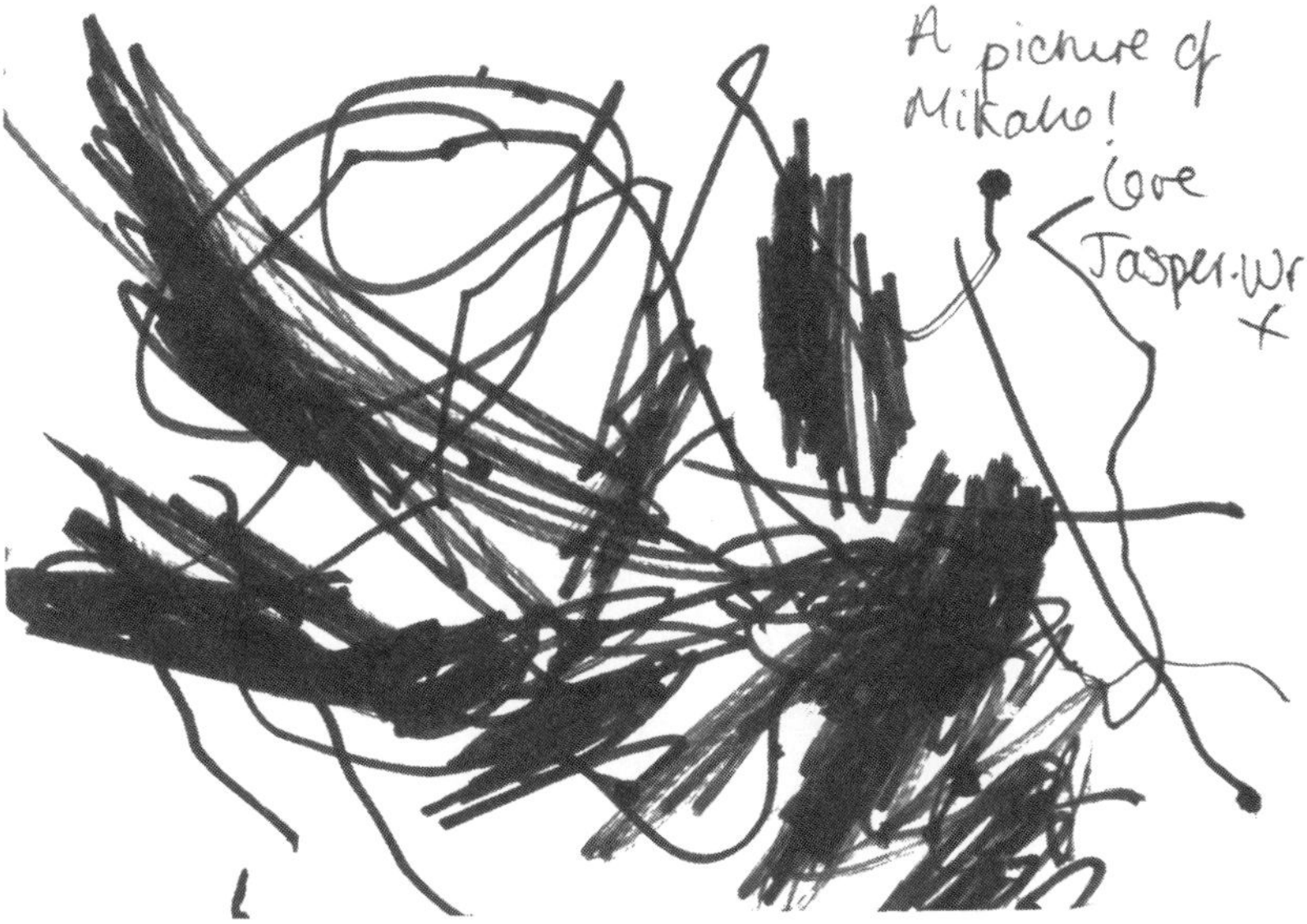
A picture of Mikako!
love
Jasper.Wr
x

あのブランコを押すのはあなた

2008.9.19

底辺託児所のスタッフの構成は、きわめて特殊である。

金銭を受け取って働いている保育者（責任者または責任者代理）は各セッションに一人ずつしかおらず、それ以外は全員が無給のヴォランティアだ。

各セッションの人員は、責任者（または責任者代理）＋ヴォランティア四人で構成されており、アニー（・レノックス似の責任者）の話によれば、ヴォランティアの人員配置は「有資格で経験豊富な人一名、チャイルドケアの学生一名、放っておいても大丈夫な人一名、サポートが必要な人一名」という構図をもとに決められているという。

わたしが底辺託児所で働き始めてから一番驚いたのが、この「サポートが必要な人」カテゴリーにあてはまる人々の存在であった。このカテゴリーは、通常の保育園や託児所であれば、こんな人物が子どもと一緒にいるのはいかがなものかと見なされて子どもたちと接する仕事にはつけないタイプの人々である。彼らは一様に、学習障害、精神障害などの明らかなる障害を持っており、そのため文字通り子どもと一緒になって遊び、本気で喧嘩をしてしまう人もいれば、数年前まで精神科に入院していました、という人もいる。底辺託児所が〝無職者および低所得者をサポートする〟慈善センターの一部である以上、託児所にしても「働けない人々」を支援して行く任務を背負っており、「子どもと触れ合うということはセラピーの役割も果たすんです」というアニー（・レノックス似の責任者）の言葉通り、センター全体の基本ポリシーのために使用されているわけである。

とはいえ、当然ながら、これらの人々と子どもたちが触れ合っているときには、必ず誰か別の大人が傍にいて監視したりサポートしたりすることになっているわけだが、このカテゴリーの人々の中には、ちょっと気に入らないことが勃発すると子どものように憎悪を剝き出しにして凶暴になったりして、実際の子どもよりよほど扱いに困る人がいたりする。

たとえば、ベッキーという二四歳の女性がいるのだが、彼女は学習障害とパーソナリティ障害を抱えており、しょっちゅう嘘をつき、切れやすく、子どもたちと本気で張り合う。たとえば絵本タイムなどでも、子どもたちに質問をすると彼女が矢継ぎ早に答えるので、「大人がすぐに答えると子どもたちが考える暇がなくなっちゃうでしょ」と諭すと、「自分のことを何様だと思ってるんだ、このファッキン・イエロー・ビッチ！」と激怒して部屋から出て行き、植木鉢を掲げて戻ってきてそれをわたしに投げつけようとしたりするものだから、あと三〇秒逃げるのが遅かったら絶命していたかもしれないと思うような局面に立たされたこともあった。また、日本の婦人服サイズでいえば21号であるところの彼女が、7号であるところのわたしの膝に乗ってきて闇雲に赤ちゃん返りすることがあるのも圧死の可能性を孕んでいて大変に危険である。

たかが無給仕事のために命まで張りたくはないので、わたしとしては彼女のような人とはできれば関わりたくないのだが、どういうわけか気がつけば彼女をサポートする任務を負わされていることが多いのであり、嫌だ嫌だと思っていることに限って必ずしなければならなくなる、あまりにもわかり易すぎるわたしの人生って。とブルーな気分になりながら先日なども彼女と一緒にブランコ乗り場を担当していると、彼女がぶんぶん幼児の背中を押すのでブランコがものすごい高さ&スピードで舞い上がっている。

普段は暴力的で大人を舐めきっていることで有名な三歳の女児も、さすがにこれには驚いたのか、泣きそうな顔でブランコ前方にいるわたしを見ている。

「しっかりつかまってなさいね、しっかり」

わたしは当該女児を励ます。しかし彼女は「怖い、怖い」と泣き始めた。

わたしはブランコを強制的に止めた。

「怖がってるから止めよう」

ベッキーはそれでも無理矢理ブランコを押そうとし、当該女児をブランコから降ろそうとしているわたしの腕をつかんで叫ぶ。

「ファッキン・チンク(=東洋人への差別用語)!!　さっさと自分の国に帰れ。アタシはこの子どもが好きなんだ」

「でもこんな怖い思いをさせたらこの子はあんたのことが嫌いになるよ」

「別にそんなこと構わない。どうせ子どもはみんなアタシのこと嫌いなんだから」

わたしは力ずくで当該女児をブランコから降ろし、走り去る女児の後を追うふりをしてブランコ乗り場とベッキーから離れた。

こちらを追ってきて暴行を加えようとするかな。という予想に反し、ベッキーはブランコ乗り場から動かなくなり、ブランコの下に体操座りをして宙を睨んでいる。


「あの子自体が図体のでかい子どもだから、子どもの面倒を見るなんて無理だよ」

ふと、ベッキーの母親が食堂で言っていたのを思い出した。

ベッキーの家族は全員が無職で当該センターに出入りしており、まあ要するにそういう家庭なのであるが、英国のそういう家庭の人々の特色として、普通そういうことは公衆の面前でよく知らない人に喋ったりしませんよね。というような内容を大声でべらべら喋るというのがあり、ベッキーの母親が朗々と語っていたところによれば、ベッキーはこれまで二人子どもを産んだことがあるらしい。が、「障害者なので育てることはできません」と家族のほうからソーシャルワーカーに連絡を取り、出産直後に二人とも養子に出したのだという。ベッキーは、最初はひどく激昂して暴れたそうだが、「ああいう子だからね、二か月も経ったら自分が子ども産んだことすら忘れてた」と母親は言っていた。

ブランコの下に体操座りしたベッキーは依然として大仏のように動かない。

子どもたちからブランコを使えないという苦情が出始めたので、しかたなく彼女のほうに戻ることにすると、わたしの背後についてきた男児が無謀にもブランコに乗りたいなどと言っている。ベッキーは嬉々として立ちあがり、男児をブランコに乗せ、またもや背中をぶんぶん押し始めた。

「しっかりつかまってなさい、しっかり」

わたしは泣きそうになっている男児を励ます。

「ねえ、あのさあ」

子どもよりも子どもらしい、邪気のない笑顔でベッキーが言った。

「何?」

「アタシ、子どもが大好きなんだ」

「知ってるよ」

「本当に大好きなんだ」

「知ってるってば」

泣き叫ぶ男児を乗せたブランコは、九〇度を超えたデンジャラスな角度で鉛色の英国の空に跳ね上がって行った。

フューリーより赤く

2008.10.31

英国の保育施設で働く人間には、預かっている子どもが虐待されているのではないかという根拠ある疑いを抱いた場合、お上に通報せねばならぬ義務がある。それがどの程度の義務なのかというと、わかっていて通報しなかったということが判明した場合にはこちらがお縄を頂戴してしまうという、きわめてリーガルな義務である。

虐待。と一口に言ってもさまざまなタイプがあり、その一つには「ネグレクト（養育放棄）」という項目があって、その項目には「幼稚園、保育園、託児所などが終了する定時に子どもを迎えにこない親」という具体例なんかもあるわけだが、たとえば、英国の幼稚園や保育園では、何度も連続して決まった時間に子どもを迎えにこない親がいれば、園側がソーシャルワーカーに連絡を取るのが普通である。

しかし、わが底辺託児所の場合には慈善センターの付設託児所であることから、いい意味でも悪い意味でもコミュニティ・スピリットに溢れているため、このへんが曖昧になってしまうことが多い。

さらに、託児所に来ている子どもたちの家庭にはすでにソーシャルワーカーが関与していることが多く、今度タレこみがあると子どもが取り上げられるケースも往々にしてあるため、慎重になる意味も込めて、ちょっとお迎えが遅くなるぐらいは大目に見たりするのである。

が、四歳になったばかりのディランの母親の遅れぶりはここのところ尋常ではない。五分や一〇分の遅れなら許せるが、彼女の場合、二〇分、または三〇分単位で遅れるのである。

こう書くとディランの母親はちゃらんぽらんな人間のようだが、二〇歳になったばかりの彼女は、「セックス、ドラッグ&子育て」な他の貧民街の若きシングルマザーたちに比べれば、質素につましく苦労してきましたといった風情で、拍子ぬけするほど地味である。育児にも真剣に取り組んでいる様子で、ディランは若干臆病で癇癪《かんしゃく》持ちではあるが、しかし特に暴力的なわけでも扱いにくいわけでもなく、きちんと育てられている感じがする。

が。今秋、ディラン母は変わった。

全体的な地味さは以前と変わらぬものの、急に口紅の色が明るくなり、爪にマニキュアを塗るようになった。そして託児所にディランを預けるとすぐに慈善センターから姿を消し、託児所の閉所時間になっても戻ってこないのである。

噂に聞いた話では、男ができたのだという。

相手はスリランカ出身の男性で、インディアン・レストラン勤務なので昼間しか逢瀬ができないらしい。最近やけに「僕はイングリッシュだ」とディランが言い始め、人種差別的発言をするジェイクの子分になってくっついて回っているのも、そうした事情があるのだろう。

ああいう生真面目な娘に限って恋に落ちるときは猛然と落ちてゆくから、きっともう自分の子どものことなんか見えてないんだろうなあ。

と考えながら、今日も母親が迎えにこないディランをレゴで遊ばせつつ閉所後の託児所の掃除を始める。しかし清掃を終える時間になっても彼の母親は姿を見せず、他のスタッフは用事があって早く帰らねばならないというので、結局わたしがディランと一緒に残ることになった。

「ここにいてもしょうがないし、外に出る?」

話しかけると、ディランが黙って立ち上がる。

「ディランとわたしは外にいます。ミカコ」と書いた紙を託児所玄関に張り、公園へと続く託児所の裏口を出ると、四時半だというのに日が傾き始めていた。

「あ、そっかー。冬時間になったから、日が暮れるのが一時間早くなったんだよね」

明るく話しかけるが、ディランはそれを無視してすたすた砂場のほうに歩きだした。

追いかけて砂場のほうに行ってみると、坂の上にある公園から見えるブライトンの海は、圧倒的な色になってぎらぎら炎上していた。太陽が海の向こうで真っ赤に変色して沈みかけ、海水全体をダークな朱色に染めている。その血液のように赤黒い色を背景に、背中を丸めてポケットに手を突っ込んだディランが、どすっどすっと砂場の砂を蹴り上げ始める。

それは、しんとした凄みのある光景だった。

ディランは猛烈に恐れている。そしてそれだからこそ、激烈に怒っている。

母親に自分よりも大事な人間が現れたことを。

母親が自分の養育を全面的に放棄したいと思っている可能性があることを。

母親が自分を迎えにくる時間が一〇分遅くなるたびにその可能性が大きくなっていることを。

ソーシャルワーカーにこんなことをタレこんでどうなるというのだろう。ディランは母親に戻ってきて欲しいのだ。他の大人に助けて欲しいのではなく、自分の母親に迎えにきて欲しいのだ。

いよいよ辺りが真っ暗になってきたので、「中に入ろう」と声をかけるとディランが振り向いた。

四歳の子どもが声も出さずに泣いていたのだということがわかり、なんとも言えないビターな心持ちになる。

「泣くな。泣くんじゃなくて、もっと怒りなさい。泣くのは諦めたということだから、わたしたちはいつも怒ってなきゃダメなんだ」

わたしがそんな頭の悪そうなことしか言えないものだから、ハグした途端にディランは声をあげて泣き始めた。


いつの間にか託児所内部には明かりが灯っている。

しかしそこでわたしたちを待っていたのはディランの母親ではなく、アニー(・レノックス似の託児所責任者)だった。

「今回ばかりは、ソーシャルワーカーに連絡しなくてはいけませんね」

という上司の言葉にわたしは頷くことができない。

疲れきったディランはわたしの肩に顔を埋めて苦しそうに眠っている。そのすうすうという寝息を首に感じつつ仁王立ちしているわたしの肩をぽんと叩き、アニーは電話のある隣室へと消えて行った。

その先にあるもの。

2009.1.21

子どもという生物は適応が早いもので、幼児の一か月はおっさんやおばはんの一年にも相当するに違いない。すっかり底辺託児所に慣れたムスタファは、「I'm fine」「See you later」などの簡単な英語を喋るようになり、他の子どもたちと喧嘩さえするようになった。託児所に初めて連れて来られたときには無言ですすり泣いていた哀しい移民の男児が、である。

それ自体はとてもヘルシーなことなので喜んでおけばよいのだが、困ったことに、彼のファイティング・メソッドは非常にヴァイオレントなのである。彼の場合、棒状のもので執拗に相手を打ち叩くのが好みで、やたらと先の尖った物体（鋏、ナイフの玩具）を手に取り、にやにやしながら相手の胸に押しつけて行くこともある。

底辺託児所の名物である凶暴児ジェイクと極道児リアーナの二人が素手で相手を殴り倒す、がんがん蹴りを入れる、などの肉体派であるのに比べ、ムスタファは凶器使用派だ。三人の幼児たちに共通しているのは、全員がDVの目撃者または被害者だということであり、おそらく彼らの攻撃メソッドは各人が体験してきた暴力の種類を反映しているのだろう。

ＤＶを子どもに見せたり、体験させたりしてはいけない。という真の理由は、「子どもに悲しい想いをさせるから」とか「子どもの心が傷つくから」とかいうことだけではない。そうではなく、きゃつらも同じことをやり始めるからなのである。

幼児たちが各家庭のＤＶを再現している様子を見ていると気持ちは下向きになる一方だが、

「クリスマス・ホリデイは楽しかった？」

という新年にありがちな質問をしてわたしの気持ちにまた下方修正が入った。

「マミイがベネフィット（生活保護受給金）をクリスマス前に全部使ってしまったから、クリスマスにはターキーじゃなくて、チキンナゲットを食べた」

と五歳のローラが言えば、

「うちもベネフィット・マネーをマミイが毎月貯金しておかなかったからクリスマスに使うお金がなくって、怒ったダディが家で暴れてマミイが救急車で運ばれた」

と四歳のレノンは言う。


英国では最近、ワーキングクラスより下の階級のことがよくマスコミに取り上げられている。残忍な幼児虐待事件を引き起こす家庭がベネフィット（生活保護）受給家庭であった、みたいなニュースが相次いでいることから、この「全然労働していないからワーキングクラスとは呼べない」階級の存在が騒がれるようになったのである。が、まだこの階級のことを公に「ベネフィット・クラス」と呼ぶ人がいないのは、例によってポリティカル・コレクトネスを気にしてのことだろう。

「大人になったらベネフィットをもらって、たくさんチョコレートを買って、一日中好きなテレビを見て暮らすんだ」

涼しい顔をしてレノンは言う。

困窮している人には住む家を与えますよ。仕事が見つからない人には半永久的に生活保護を出しますよ。子どもができたら人数分の補助金をあげますよ。の英国は、その福祉システムのもとで死ぬまで働かず、働けずに生かされる一族をクリエイトした。そのような一族に生まれ、人間は一日中テレビの前に座ってチョコレートを食べて生きるのが普通なんだと思って大人になる子どもたちは、そのうちチョコだけでは飽き足らなくなって別のものにも依存するようになる。そして子どもをつくり、その結果として補助金が増えればさしあたって生活の不安はないが、その代わりに希望もないので家の中で暴れ始め、DV問題へと発展するケースもある。一見自由に生きているように見えてもライフスタイルには幅がなかったりする。

「ベネフィットなんかもらわなくてもチョコは買える。自分で働けば、もっとたくさんのチョコが買えるようになる」

ヴォランティアのキャシーが、きっとした目つきでレノンに言った。

彼女はクレジット会社のコールセンターとスーパーマーケットの仕事をかけもちしながら自分の子どもを養い、その上で底辺託児所のヴォランティアをしながらチャイルドケアのコースにも通っているという、大変に働き者で勤勉な女性だ。

実際、「子持ちのシングルマザーは生活保護で食って行くのが当たり前」みたいな当該慈善センター関係者の中で、彼女のように「腐ってもあの階級にだけは落ちない」と歯を食いしばって生きている女性は珍しい。そんなキャシーから見れば、「ベネフィット・クラス」の人々は大変むかつく存在のようで、「大人になったらベネフィットをもらう」みたいな発言をする子どもがいると、幼児を相手に本気で厭味をとばすことになる。

「普通の大人はね、みんな朝早く起きて仕事に出かけ、夕方まで帰ってこないものなの」

「一日中家でテレビを見ているなんて、怠け者のすることよ」

彼女の言うことにはいちいちトゲがあり、目線は常に上からだ。あんたたちの親は駄目なのよ。駄目なのよ。駄目なのよ。ということを、彼女は幼児たちに容赦なく伝える。

彼女の弱者へのまなざしは徹底して冷たい。

が、一点だけ腑に落ちないのは、彼女の場合、なぜかそのまなざしと行動の温度がまったく一致していないということなのである。

たとえばパンツの中で排便しているらしい臭いを発散させている子がいれば、真っ先にとんで行って着替えさせるのがキャシーだ。眠ってしまった子を迎えにきた「ベネフィット・クラス」の母親がいれば、階下の乳母車置場までわざわざ子どもを抱いて降りて行ってあげるのがキャシーなのである。

この甚だしい言行の不一致はいったいどういうことなのだろうか。

いつまでもきんきん厭味を言い続けるキャシーに背後から接近したジェイクが、彼女の髪をいきなりつかんで引っ張った。

キャシーは「ぎゃああああっ」と悲鳴を上げて後方にのけぞりながら、髪を引っ張った拍子に床上の玩具に足を取られて転びそうになったジェイクの胴体を支え、転んで怪我をしないようにぎゅっと抱きかかえる。

あんたたちは駄目なのよ。駄目なのよ。駄目なのよ。

の、先にあるもの。

そこで終わらない、そこで終わらせることのできない何か。

その何かは確かに存在することが、底辺託児所で働くようになってはっきりとわかってきた。

キャシーに間一髪のところで抱きかかえられたジェイクは、じっと彼女の顔を見ている。

そして彼女の耳元にそっと口を近づけるので、助けてもらった礼を言うのだろうか。と思っているとやっぱりそうではなく、「殺すぞ、クソばばあああああああ」と大音量で叫んだ。

ゴム手袋のヨハネ

2009.2.1

強烈なキャラクターの多い無職者・低所得者支援センター関係者の中でも、ひときわストロングな個性を放っている人物の一人に、ジョンという中年男性がいる。

実際の年齢は四〇代後半らしいが、どう見ても六〇代な老け込みようで、頭頂部はザビエル状の不毛地帯になっており、毛のある部分は白髪で、それが背中まで伸びている。ざんばらになっている状態の弁髪を思い浮かべていただくといいかもしれない。英国人男性にしては異様に小柄で痩せこけており、左足はびっこを引いている。右目のまぶたには大きな傷跡があって、それが白目の上にべろんと垂れ下がっており、そっち側は見えていないらしい。

足は自動車事故に巻き込まれて複雑骨折したときの後遺症だそうで、目はパブで見ず知らずの客の喧嘩に巻き込まれ、グラスの破片が刺さったときの傷跡だそうだ。

そういえば昨年の夏も、公園に座っていたら耳の穴に蜂が突っ込んできてそのまま出ていかなくなり、耳内部を刺された上に鼓膜まで破壊されてしまったそうで、しばらく耳がよく聞こえていなかった時期があった。どうも自分の意思とは関係なく物事に巻き込まれて大変なことになってしまう人のようで、要するにあまりついていないらしい。

前世紀の終わりから賃金をもらえる職についたことがないという彼は、生活保護と障害者手当をもらいながら当該支援センターに入り浸り、あるときはキッチンで、またあるときは事務所の雑用や建物のメンテナンスと、毎日何らかのヴォランティア労働をしている。

「元は建築家で、日本にもホテルの設計をするために行ったことがある」と言っていたので、「なんかそうらしいですよ」と他のヴォランティアたちに言うと、「ああ、私にはバルセロナで宝石のデザイナーをしていたと言っていた」「ニューヨークでフォトグラファーをしていたと言ってたこともあったよ」と誰もがげらげら笑っていた。

そんな彼は何もしないでいるのが一番苦手なのだそうで、することがないときには、誰も頼まないのにゴム手袋をしてトイレへと向かう。足の不自由な彼がバケツをさげてひょこひょこしている姿を見ると、「そんなことしなくていいよ、毎日クリーナーが来てるんだから」と声をかける人もいるが、彼は黙って便器をきゅるきゅる磨き続ける。何もしないでいると猛烈に不安を感じて汗をかいたり胸が苦しくなったりする病気を持っているので、心と体の平安を保つために労働し続けないといけないらしい。

で、過日のことである。

凶暴児ジェイクが託児所内で暴れているという話を聞きつけ、なぜかジョンがゴム手袋を外しながら託児所に飛び込んできたのだ。

恐喝現場を大人に押さえられたジェイクが破壊活動および暴力行為を広域かつ無差別に展開し始めたため、託児所内部がちょっとした阿鼻叫喚地獄になっているところに勢いよく飛び込んできたものだから、いったいこのおっさん何をする気だろうと注目していると、彼は「ジェイク、暴力はいけないよ」か何かいきなり気の抜けるようなことを言いながらへっぴり腰で立っている。ふん。いいカモが来やがった。とばかりにジェイクは彼の腹のあたりをぼこぼこに殴り始める。四歳児に殴られているおっさんのほうはと言えば、「や、やめてくれ、痛い」などと情けない声を出しながら不恰好に尻を突き出しているだけだ。

「気色わりいんだよ禿げ。びっこ。知恵遅れ。めくら。片輪」

放送禁止用語をガキにノンストップで浴びせられているのにもかかわらず、彼は「そんなことを言ってはいけない」と叱ることもしなければ、激昂することすらしない。ただへらへらと、阿呆のように揺れているだけなのである。

絶対服従。

という立派な言葉も世には存在しているが、ジョンのへらへらはそういう意思的で硬質なものとは違う。もっとなんというかこう、こんにゃくみたいなのである。何の意思も思想もなく、ただ彼はそこにあってふにゃふにゃしているだけなのだ。

他人から叩かれっぱなしの人間をサンドバッグという言葉で表現することがあるが、それにしたってそれは硬いからこそ叩き甲斐があるのであって、ふにゃふにゃのこんにゃくを殴り続けても全然面白くないのに違いない。ジェイクはやがて疲れた顔をしてぶたさんクッションの上に座り込んだ。

ジョンは相変わらずへらへら揺れながらジェイクのほうに近寄って行く。

「ジェイクはきれいな金色の髪をしているなあ。ジェイクの青い目は、晴れた夏の空みたいだなあ」

普段のジェイクなら「ふざけたことぬかしやがると刺すぞ」と暴れ始めそうなものだが、どういうわけかおとなしくジョンの膝に抱かれた。

「あんたは禿げだし、目は潰れてる」「うん。だからきれいな髪や目をしたジェイクが羨ましい」「俺の髪や目なんて特別きれいじゃねえよ」「そんなことない。ジェイクはきれいな子どもだよ。赤ん坊のときからずっとそうだ」「あんたやっぱりキチガイだな」「ジェイクはとてもきれいな子どもだ。外側も内側も」

歯の浮くような、ピュークしたくなるような文句が、どういうわけかジョンの口から出ると真摯に響く。何の下心も思惑もない、率直で実直な感情の伝達に聞こえる。

「僕はそんなジェイクのことが大好きだ」

それはきっとそれらが本当に愚鈍なほど実直な言葉だからだ。

「凄いでしょう」

わたしの背後からアニー（・レノックス似の責任者）が言う。

「あの子はジョンにだけは昔からなついているのよ」

ジョンの膝に抱かれてふてくされたように黙っている凶暴児は、そこらへんにいる子どもみたいな幼い顔つきになっている。

また黄色いゴム手袋をはめながらひょこひょこ本館のほうに戻って行くジョンの後ろ姿は、吹けば飛ぶように小さかった。ずるずる引きずる足で運ぶバケツの水がちゃぷちゃぷ床の上にこぼれ、「おいおいおっさん、こぼれてるよ」と21stセンチュリー・パンク・ボーイ風の若い兄ちゃんに注意されている。おろおろとしゃがみ込んで床を拭くその姿がわたしの網膜に沁みた。

あのバケツからこぼれているのが恩寵だということを彼らは知らないのである。

小説家と底辺託児所

2009.3.2

　底辺託児所には男性のヴォランティアも何人か来ており、保育士になるのが目的で実習をしている人もいれば、児童心理学やソーシャルワークを学んでいる人なども いる。わたしが働いている曜日に来ているヴォランティアにも、ポールという男性がおり、くりくりの亜麻色の巻き毛にジョン・レノン眼鏡をかけ、七〇年代の日本の少女漫画に出てくる少年がそのままおっさんになったような感じの長身のヤサ男である。

　英国でも保育の世界にはまだ珍しい男性となると、圧倒的多数の女性ヴォランティアからランチ時のゴシップネタにされることが多いのは成り行き上しかたがない。

「すごいお坊ちゃん育ちみたいで、ボーディング・スクールに通ったみたいよ」

「何冊か本を出版したみたいで、ブッカー賞とまでは行かなかったけど、何かの賞にノミネートされたことがあるみたい」

「父親はＢＢＣのカメラマンで、母親は著名なジャーナリストだって」

「……で、何でそんな人がここに来てるの？」

わたしが尋ねると、

「ジェイミーの例もあるからね」

とヴォランティア女性の一人が答えた。

ジェイミーというのは無職者・低所得者支援センターの名物的人物の一人であり、最近政府に資本を投入してもらったと報道されていた某大手銀行グループの取締役の息子だが、毎日ギターを背負って当該施設に入り浸り、食堂の真ん中でいきなり太極拳を始めたりする三〇代のモヒカン男性である。支援センターには、このテの富裕層ドロップアウト組が何人かいる。古着などを着用していかにも貧乏臭くてアナキーな感じを演出しているが、それらの人々の素生がすぐに知れてしまうのは英語の発音が妙に美しいからである。

そういえば、わが底辺託児所のアニー（・レノックス似の責任者）なんかも非常に美しい英語を話すアッパーミドルクラスの出身者で、そもそも彼女が教育に興味を持ったのは、自分がボーディング・スクールに送られて子ども時代に寂しい思いをしたからだという。

そのアニーがここのところ託児所の資金難問題等で忙しく、最近、ふと気がつけば英国の知的富裕層出身のポールと日本のワーキングクラス出身であるわたしが二人だけで託児所で働いていたりするときがある。

リアリスティックであることを信条とするわたしに対し、ポールはドリーマーで優しい。よって彼と一緒に働いているときは、わたしがクソガキどもとサッカーボールを追い回し、ポールは砂場で女児たちとままごと遊びに興じているという状況になっているわけだが、しかしどちらも「ぎゃあ」とか「わあ」とか言って騒がない人間だし、「さあみんなレッツ・ゴー」とリーダーシップを発揮するタイプでもないので、ヴォランティアの中では一緒に働きやすい人の一人であり、偶然にパブで会った先日なども話をすることになった。

「あなたは、邪悪な子どもたちと一緒にいることに違和感がないでしょう」

少し酔っているらしいポールは言った。

「わたしが邪悪だったからね。っつうか、いまでもたぶんそうだけど」

「貧しくて、ハンディキャップを背負った子どもたちと、あなたは普通に接することができる」

「まあ、わたしが貧しくてそのためにハンディキャップを背負ってたからね。っつうか、いまでもたぶんそうだけど」

「僕は時折、駄目なんですよ」

「許せない」

「というか、わからない」

きっとこの人には辛いんだろうなと思った。育ちがよくて心根が優しいから、大変な境遇の中で生きていて、そのために歪んでいる子どもたちと触れ合うのがきついのだ。

「頭で理解しようとするからいけないんだろうけど、そうしてしまう。同じところまで降りて行くことはできないから」

「降りる必要はないんじゃない」

「そうでしょうか」

「引き上げてやればいいんじゃないの。わかるようになるところまで」

わたしがそう言うと、ポールは何事かを考えるように沈黙し、じっとこちらを見ていた。

その翌週のことである。

FUCK（正確には、アック。Fサウンドがまだ発音できないらしい）を連発する一歳児のデイジーに、ポールが彼らしくもなく説教を始めたのだ。

「その言葉はやめようね。その言葉を聞くと、とても嫌な気分になる人がいるし、そんな言葉を言うと、デイジーを誤解する人がいるかもしれない」

「アック・ユー」デイジーは積み木で遊びながら、斜め下からの目線でポールを見ながら答える。

デイジーの両親はどちらも一八歳で、よくある「できちゃったからとりあえず産んで、生活保護もらえばいいじゃん」な未婚の貧民街ティーンズだ。二人はデイジーが生まれて一か月もたたないうちに破局したが、現在もデイジーの養育問題（特に幼児養育補助金の分け前を俺にも渡せ問題）などのため行き来しており、この二人の会話というのは五〇パーセントがFUCKまたはFUCKINGで構成されている。

「あんたのこと（F）待ってたら（F）時間が（F）いくらあっても（F）足りない」

「てめえだけ（F）補助金（F）ネコババして（F）都合の悪いときにだけ（F）赤ん坊を（F）預け

にくるな」

というような両親だから、デイジーが最初に喋った言葉がFUCKだというのもしごく当然である。

「デイジー、積み木でタワーを作ってみよう。どれだけ高くできるかな?」「アック」「デイジー、アックはやめようね」「アッキン・タワー。アック・ユー」「アッキンもアックも、悲しい言葉だから使ってはいけないよ」「アック・アック・アック・アック」「ほら、この積み木には動物の絵が描いてあるね。これは何かな?」「ボロックス」

背中で聞いているにも笑いをかみ殺すのに往生する会話だ。

「イエ〜イ!　ボロックス!!」デイジーの発言に反応してローラが言った。

「ボロックスはここだよ。これこれこれ」と自分の睾丸をつかみながらスタンリーが猿のように飛び跳ねる。ついにこらえきれなくなったわたしが吹き出すと、深刻な顔をしていたポールまで笑いだした。

こんな風に笑いながらやっていけばいいのだ。辛さと笑いは案外同じ場所から表出してくるものだから。

いろいろあって筆を折り、何年も物を書いてなかったというポールは、最近童話を書き始めたらしい。それは彼が書いていた難解な小説より何倍も素晴らしいだろう。読んだわけではないが、わたしにはそう思える。

卑語を悲しい言葉だと思える彼は、「アック」を文学にすることのできる人だ。

神の御使い

2009.3.18

今月でわたしの保育コースも終了するが、最後に待ちうけていた課題が、ＳＥＮ（Special Educational Needs 障害児やその他の特別なサポートがなければ健常児と同じ教育を受けることが困難な子どもたち）についてのエッセイである。

貧困とか、住む家がないとか、家庭環境が複雑すぎて気性が曲がっているとか、そっちのほうのスペシャル・ニーズを持つ子どもなら底辺託児所で豊富に経験済みだが、障害（身体的、精神的）となると、貧乏人ではあるがやたら健康な子が多いわが託児所には該当児が存在せず、「困ってるんですよね」とアニー（・レノックス似の託児所責任者）に漏らすと、彼女が近所の保育園のＳＥＮＣＯ（Special Educational Needs Co-ordinator 保育施設内の障害児保育コーディネーター）に連絡を取り、見学をアレンジしてくれた。

わが底辺託児所のある地域は全国的にも「貧しい」と認定されている地区だ。英国では通常三歳児からしか政府の保育補助金は支給されないものだが、例外的に二歳児から保育補助金が支給されている地区の一つである。その地域の障害児を多く引き受けているという保育園でわたしを待っていたSENCOは四〇代（つまりわたしと同世代）の黒髪のおばはんであり、地味&カジュアルな服装に身を包み、すっぴんで働いてはいるものの、昔はストロベリー・スウィッチブレイドないしはスージー・スーだったことが窺い知れるようなゴシック感が髪型や靴のあたりに漂っていた。

「ま、いろいろ喋るよりも見てもらいましょうか」

と彼女に案内された保育園内部では、至るところに障害児の姿が見られた。ダウン症の子ども。片腕のない子ども。目の見えてない赤ん坊。英国では、障害児を障害児だけが通う教育施設に閉じ込めるのではなく、健常児と同じ場所で教育を受けさせましょうという法律が九〇年代に制定されている。が、現実問題としてそれはいまだ難しく、特にこうした地区にある貧しい保育園には障害児受け入れができる場所は数少ない。

「この子たち、みんなこの地域の子ですか？」

「そう」

貧しいだけでも大変なことなのに、どうしてこんなに障害児がいるのかと思う。

そういえば貧民街には（役所をだまして障害者手当をもらっている健常者ではなく、本物の）障害者も多い。アルコール依存症や薬物乱用などの健康にまったく留意しないライフスタイルのせいで、障害児が生まれる割合が高いのだろうか？　とふだんは考えてもみなかったことに思いを巡らせていると、部屋の隅で人形をいじっていた金髪の愛らしい女児がいたので、

「ほら、お腹のところを押したら声が出るよ」

と軽い気持ちで話しかけてみると、

「あうううう、あわああああああ、わああああああああああ」

と地の底から響くような声でうめき返された。

「うううあああ、わああああああ、あああああわあああああああ」

女児のうめきは止まらず、壁に背中をすり寄せてわたしを凝視している。

ゴシックSENCOが近づいてきて、女児に話しかけた。

「怖くないでしょ。彼女はあなたに挨拶しているだけなのだから」

SENCOはそう言って女児を抱き上げる。

「重度の発達障害児なの」

「うあああああ、うおあああああ」

この声は何かに似ているなと思った。

そうだ。出産病棟に入院していたときに上階の分娩室から聞こえてきた、陣痛時の女のうめきに似ているのだ。正気の人間のその正気の鎧を突き崩すような、とてつもなく根元的で、やるせない声。

そんなことを考えている間にもダウン症の幼児が歩いてきてSENCOにクレヨンを渡す。

「落ちてたの？　ありがとう」

ここまで見ていてわかったのは、彼女は保育士によくありがちな「怖がらなくてもいいのよー、よちよち、ぎゅーっ」だとか「拾ってくれたの？　えらいねー、すごいねー」をやらないということである。なんというかこう、全体的にクールなのだ。預かっている幼児たちがもはやおべんちゃらでどうにかなるような相手ではないということなのだろう。

盲目の赤ん坊を抱いていたアシスタントがトイレに行きたいらしく、SENCOに赤ん坊を預けにきた。もうすぐ九か月になるというこの乳児は、びくびくと絶え間なく怯えた様子で、ずっと両手の拳で自分の目をこすり続けている。

「この子はずっと自分の目をこするのよ。どうしてなのかはわからないけど」

とSENCOは言う。

彼は本能的に自分の体のその部分が人と違うことを知っているのだろうか。

生まれつき盲目なのだから他の人間の目の機能がどうかなんてわからないだろうに?

開け放した裏口から外に出てみると、一〇人ばかりの子どもたちが狭い庭で遊んでいる。片腕のない女の子が滑り台の脇で転んだ。「ぎゃあああーん」と泣く声。何やらこちらにはわからないことをロシア語で喋りながらわたしにボールを投げつけてくる子ども。庭の片隅で三輪車の陰に隠れるようにしてじっと蠟人形のように動かない、洟をたらした子ども。

ぐずぐずぐず停滞している冬雨前線がいつにも増して英国の空を重苦しくしているせいなのか、戸外なのにここにはまったく明るみがない。光はあってもそれが妙に暗く湿っているのだ。

とめどもなく陰気な気分でボールを投げつけられながら立っていると、片腕の女児がわたしの傍に来て言った。

「リインボ、リインボ」

存在するほうの腕を掲げて彼女が指すその方角を見てみれば、本当にうっすらとしたレインボウが上空にかかっている。

「ビーティフォー」

片腕の女児は嬉しそうに微笑み、わたしの脚に頭をもたせかけてくる。わたしは暗澹とした空にかかった今にも消えそうなきれぎれの虹を見上げていた。

その間にも、ロシア人の子どもは執拗にボールを投げつけてくるし、蠟人形になった男児は三白眼でわたしを睨み続けているし、盲目の赤ん坊は両手でぐりぐり目をこすっているし、虹の向こうには本物より何倍も派手で鮮明なレインボウ・フラッグがゲイ街のほうではたはた翻っている。

ずいぶん果てしのないところまで来た。思えば遠くへ来たものだ。

一瞬センチメンタルになって中原中也しているわたしの傍で、片腕の女児が「ビーティフォー」を一万回も反復している。わたしは彼女の頭を撫でながら答えた。

「ほんとうに、信じられないぐらいきれいだね」

彼女はもうすぐ三歳になるそうで、名はアンジェラというらしい。

貧民街の暗がりに舞い降りた天使のタイツは破れ、染みだらけでほつれたセーターの胸元から覗く白い肌にはごつごつと鎖骨が浮き出ていた。

母獣。そして消えて行く子どもたち

2009.5.11

「誰が彼女を見てたのよ!!　いったい何てことしてくれたの！　ああああ、こんな大きなコブができてるじゃないっ、あんたたちどうしてくれるのよ！！！！」

託児所の終了時間に娘を迎えにきた極道児リアーナの母親は半狂乱になって叫んでいた。

ガキどもが突き倒し合う、殴り合うなどの暴力ではたいした騒ぎにはならない底辺託児所だが、戸外で転ぶ、滑り台やジャングルジムなどから落ちる、といった事故で子どもたちが怪我をすると、親たちが血相を変えて大騒ぎすることになる。

確かに、幼児同士が押し合ったりどつき合ったりするときの力の程度に比べれば、全速力で走っていて転ぶとかブランコから落ちるとかいう事故のほうが深刻な傷になる確率が高く、それで親たちが心配するという理由もあるが、底辺託児所の場合には別の事情がある。

それは、ソーシャルワーカーが出入りしている家庭の子が多いということなのである。

極道児リアーナの家庭もその例に漏れず、父親はDVで服役中、母親は元ドラッグ常用者であり、ときの傷も頬に痛々しい母親は、それでもどん底の生活から奇跡のUターンを果たし、「よい母親になりたい。それだけがいまの私の願いです。助けてください」とアニー（・レノックス似の底辺託児所責任者）を頼ってきたのだという。

「要注意家庭」としてソーシャルワーカーにチェックされている。服役中の男に刃物でいたぶられた

「落ち着いてちょうだい。子どもが保育施設で遊んでいれば、怪我の一つぐらいするものです」

尋常でない取り乱し方をしているリアーナの母親にアニーが言った。

「またこの子を緊急病院に連れていかなくちゃならないっ!!　こんな大きなコブができて」

「コブの一つぐらい子どもはつくります。どうしても心配なら、わたしが一緒に緊急病院について行きますよ」

「彼らは毎週緊急病院に連れてこられる子どもの名前をチェックしてるんだから、また問題にされるに決まっている……!!」

「彼らがそれで何だかんだと言ってきたら、私が彼らに電話して事情を話します」

「もう彼らに弱みは見せたくないのに、なんだってこんなことにいいッ」

確認のため書いておくと、彼らとはソーシャルワーカーのことである。

わたしが働き始めてから今日まで、底辺託児所に来ている子どもたちで、ソーシャルワーカーに連れて行かれた子は一人もいない。

しかし、過去には複数いたようで、古参のヴォランティアはこう言っていた。

「一人、また一人といなくなるのよ。ある日突然ぷっつりと来なくなって、母親がアニーに泣きながら電話してくる」

貧困。子どもにみすぼらしい恰好（寒い日の薄着、女子なのに男子用の服を着させているなど）をさせている。DV男と別れることができずに子どもに暴力を目撃させる。同居中の男または自分自身がアルコールや薬物に依存している。あるいは依存症だった過去がある。自分がうつ病になる。何度も緊急病院に子どもを連れて行く（または全然連れて行かない）。子どもがいつも傷をつくっている。小学生に留守番をさせる（これはアジア人の親が問題視される最大のポイント）。スーパーやショッピングセンターなどで何度も子どもが迷子になる。

上記はすべて彼らに「弱み」と見なされる事項だ。

この国でチャイルド・プロテクション（児童保護）のコースを受けると、上記はすべて〝ヤバい兆候〟としてリスト化されてあり、親が子どもを虐待しているという事実や証拠がなくとも、上記の事項が複数該当するというだけで地方自治体は精神的虐待などの理屈をつけて親から子どもを取り上げることができる。

「この子の体に傷ができないように見ていてよ！　ぞろぞろ（F）人数ばかりはいるくせに、（F）役立たずの（F）集団じゃしょうがないじゃないの!!」

リアーナの母親は、全身の毛を総立ちにして吠える獰猛な母獣の如くに卑語をわめき散らす。

「マミイ、マミイ、私は大丈夫だよ」

リアーナは自分の体を抱きしめている母親の顔を見ながら言った。

「もう痛くないよ、マミイ。ぶつかったときは泣いたけど、もう全然痛くない」

あの極道児が気を遣っている。

母獣と化した母親を平静に戻すため、三歳になったばかりの子どもが気配りしているのだ。

リアーナの母親は口惜しそうに唇をかんで娘を抱きあげ、託児所を出て行った。

「事情が事情だけに、こういうことがあると彼女は過剰にナーヴァスになってしまうの。でも彼女は一生懸命いい母親になろうとしているのよ。頑張りすぎて空回りしてしまうことも多いけれど、私たちは彼女の意思を忘れないようにしましょう」

「(F)役立たず」呼ばわりされたわたしたちにアニーは言う。

リアーナの母親の空回り。というのはたとえばリアーナの服装などにも見られる。

彼女はいつも新品の衣服や靴を着用していて、そのぴかぴか感が底辺託児所では妙に浮いている。というか、絵の具や砂などで汚れるにきまっている託児所にそんなちゃらちゃらした恰好をさせてきてどうするのだ、と最初の頃はわたしも母親に対してクエスチョンマークを感じていた。

が、事情がわかるようになると、自分は年がら年中同じジャージの上下を着ている、二〇代なのに妙に老けた印象の母親のかなしいまでの力み具合が伝わってくるようになった。

彼女は母獣となって全身全霊で戦っているのである。

眠っている間に自分の子を誰かに盗まれないように。

ぼさっとしている間に誰かに取って行かれないように。

いつになくそそくさと帰り支度を始めたアニーは、きっとこれから緊急病院に向かうのだろう。

「よいイヴニングを」と声をかけると無言で笑って託児所を出て行った。

「子どもをサポートするということは、その親をサポートするということです」

という彼女の口癖をふと思い出す。

それは花柄の理想論でもなければ、政治家のレトリックでもない。

現場で母獣たちの背中をさすっている人間だけが吐ける、リアルな児童保護論なのだ。

故国への提言
——UK里親制度って、結構ボロックスだよ。

2009.5.26

近年ニッポンでも児童虐待問題が表面化しているそうで、関連ニュースが増えているというのだが、これは親や社会の質が急変したからそうなったということではなく、たんに西欧の文化の輸入により「虐待」の認識が人々の頭にのぼるようになって表面化しやすくなったのだろう。

七〇年代から八〇年代にかけての「一億総中流時代」が政府とマスコミによってクリエイトされたまことに愚かなスローガンであった（でも一番（F）愚者だったのはそれを本気で信じていた一般市民であり、「親が定期代を払えないので学校帰りにバイトしている」と言う一〇代の少女に、「遊ぶ金欲しさでやってるくせに嘘をつくな、いまどきの日本にそんな家庭はない」と断言した福岡の某県立高等学校の教諭などは、その最たる例であった。少女はバカたれは許すが愚者は許さん性質だったので、翌日には髪を金髪にしてつんつんにおっ立てて登校した。担任の生徒管理能力の低さを世に示すために）のと同様、「自分たちの時代の日本人にはモラルがあり、人間が出来ていたので児童虐待なんてことはしなかった」とかいうおっさんたちの見解はまったくあてにならない。

前世紀末まで子どもが虐待されて亡くなったケースが日本で大騒ぎされることがなかったのは、子どもの死亡が別の理由で処理されていたからであり、「児童虐待」という概念がトレンディでなかった時代には、子どもの死を調査するほうもその視点に立って物事を見たり疑ったりしてなかったし、報道するほうもそのネタに目を光らせてなかったのだ。

が、近年はそんなわが祖国でも、養護施設での職員による子どもたちへの虐待などが問題になったりして、児童ケア制度の見直しが行われているというが、どうも気になるのは、「英国のケアシステムを参考にし、里親制度を日本でも充実させろ」と主張している識者が存在することだ。英国政府が一部出資しているチャンネル4が制作・放映したドキュメンタリー「Lost in Care」によれば、英国はすでに次のステージに進みつつあるのだが。

英国政府は現在、里親（フォスターファミリー）の限界を認識し、ドイツ型の小規模&家庭的養護施設に注目しており、実験的な新タイプの養護施設をエセックス州を中心に設立し始めたということである。

英国政府と英国民が認識した里親（フォスターファミリー）の限界とは

①いくら然るべきトレーニングを受け地方自治体から認定されていても、里親はチャイルドケアや児童心理学の素人であり、養護施設で働くプロのような知識は持っていない。よって里親、すなわち「素人のお父さんやお母さん」では、家で自傷行為（自殺未遂を含む）や問題行為（破壊行為、

動物虐待、異常に早熟な性行為など）を行うことの多い問題家庭出身の子どもへの対応が適切にできていないことが多い。

②養育の現場が一般家庭同様に閉ざされた（他人のいない）場所であることから、預かった子どもに虐待を加えたり、養育を放棄する里親があり、英国ではそうした事件が実の親による虐待事件と同じぐらい問題になっている。

③優れた里親や懐の深い里親（障害児や精神の病を患った子どもも預かります。という里親）のところにより難しい子どもを送ろうとする意図から、子どものたらい回し現象が起こることがあり、これが子どもたちの発達障害や精神の病をより悪化させるケースがある。

④里親に報酬が支払われる「仮想家庭」制度であることから、地方自治体から手当が支払われなくなる年齢が近くなると「さっさと出て行け」的な態度を取る里親が多く、また、家族と同じ洗濯機を使わせてもらえないなどの微妙なところでの部外者扱いで傷つく子どもが多い。それで子どもが反抗的になって暴れたりすると、あっさりギヴアップして子どもを地方自治体に戻す里親も少なくない。里親というより「雇われペアレンツ」と化して、気に入らない子どもを返したり別の子どもを要求することも可能である。

というようなものであり、同番組に出演していたケアシステム出身の若者たちの談話によれば、全員が平均して一〇回は里親を変更されており、これはたとえば六歳から一六歳まで一〇年間英国のケアシステムの世話になった子がいるとすれば、毎年一度は里親が変わっていたということだ。

英国でケアシステムの世話になっている子どもの大半が「精神的虐待」を理由に親から取り上げられた子どもたちだそうだが、毎年親が変わっているような激烈に不安定な状況に子どもたちを追い込むことは「虐待」とは呼ばないのだろうか。

「子どもは家庭の中で育つのがベスト」というコンセプトで推進されてきた里親制度だが、家庭の中で傷つけられてきた子どもたちが、「仮想家庭」の中でさらに傷つけられるよりは、いっそ親がいて子どもがいるといった「普通の家庭」というフォーマットに拘泥せず、同じような境遇で育ってきた子どもたち数人＋プロの養護スタッフという環境で「仲間としてのオルタナティヴな家庭」を作ったほうがいいんじゃないかというのが、ドイツ式小規模養護施設の根本的アイディアである。

この方式はこの方式で問題がありそうだが、少なくとも毎年子どもの居場所が変わるとか、里親に虐待されて肋骨がぼろぼろになって死ぬ赤ん坊とかいう問題は回避できるだろう。親から引き離された子は自力で生きていかねばならぬ、というリアリティを提示する意味においても、里親制度というシステムの中でじわじわ気づかせるぐらいなら、最初からもう親はいないと認識させたほうが、子どもたちにとっても、期待しては裏切られ続けるという状態より親切だ。

かくいうわたしなんかも、底辺託児所で、特定の子どもに対し、この子は実の親と一緒にいないほうが幸福なのではないか、と思うことはある。が、それでもできれば現在の家庭で何とか、と思ってしまうのは、英国のケアシステムが信用できないからであり、そっちに行ったほうが子どもにとってはえらいことになると思うからだ。エキゾチックな顔立ちをした移民の子どもがリッチなマダムに愛されるという美談ばかりが想起されがちだが、アンダークラスの目つきの悪い英国人のガキどもには、まずそういう幸運はありえない。

こんな外国人の保育士にさえ「あてにならん」と思わせるほどのケアシステムを、わが故国がコピーしていったいどうするのか。

日本人は礼節を重んじるまじめな国民だから、という幻想を前提にして物を考えるのもおかしいだろう。

児童保護に必要なのは、幻想にもとづいた希望論ではない。地べたに転がる暗い事実を直視した覚醒論なのである。

白髪のアリス

初めてアリスを見たとき、なんというインパクトのある外見の子なのかと思った。

西洋人の髪にはプラチナブロンドというのがあるが、彼女の場合は色素が薄すぎ、二歳にしてほとんど白髪頭である。それがぎざぎざの短髪に切り上げられていて、その下には異様なほど大きな目。睫毛や眉毛はない。というか、白い毛が白い肌と同化して、生えていても見えないのである。眉毛のない顔。というのは動物的に見えがちだが、彼女の顔も一見すると人間には見えない。といって、動物に喩《たと》えるにしても、ラッコにしては目つきがきつすぎるし、蛇やトカゲなどの爬虫類を思い浮かべてみても、まだ彼らのほうが人懐こい顔をしているように思える。

それだけでも特異な印象であるのに、この二歳児はまったく笑わない。

たとえ無邪気に笑うことはなくとも、悪事を企むときににやりと微笑む子どもというのはよくいるものだが、彼女にはそれさえもない。基本的に、顔の表情がいつも同じなのだ。

大きな目を見開いて、じっと何かを見ている。

2009.5.30

その表情は継続的に驚いているようでもあり、目を開けたまま寝ているようにも見える。

ある日のことであった。

無職者・低所得者支援センターの食堂で、二歳のわが子にメシを食わせていると、アリスと兄のチャーリーを連れた母親が、テーブルの向かいに腰掛けてきた。彼女は兄妹の前に小さな器を並べ、自分の皿から食べ物をどぼどぼ分け入れると、それに小さなフォークを一つずつ突き立て、顎で「食え」とばかりに指図して、黙々と自分の食事を食べ始めた。

兄妹は食事には一切手をつけず、じっと突っ立ってこちらを見つめている。

「ほら、さっさと食べないと時間がないよ」「こぼれてるよ、ちゃんと手で持ちなさい」と子どもの世話を焼くわたしと、文句を言いながら食べ物を口に入れる息子。そんな日常的な母子の様子を、二歳児と五歳児が身じろぎもせず凝視しているのだ。

その凝視はねっとりと一〇分ほども続き、こちらは何とも言えない暗い心持ちになった。

託児所での兄妹はどちらも問題児だが、兄よりもアリスの暴力のほうが野蛮で計り知れない。

彼女は他の子どもの顔の肉や耳をつかんで引っ張りまわしたり、腕や脚に食らいついていったり、首を絞めながら頭をがくがく揺さぶったりする。

「殴る」「蹴る」「張り倒す」などの洗練された通常型暴力は、子どもたちの体の動きや進路方向からある程度予測することが可能だ。が、アリスの攻撃メソッドはあまりにもアニマルで、そのくせ本人の顔には表情がないだけに「ぶち切れる瞬間」が読めず、予測も予防も不可能なのである。

別のある日のことであった。

チャーリーとアリスが食堂で母親を捜していたので、ベランダで喫煙していた彼女の元に連れていくと、母親は「しばらく二人で遊んでいなさいと言ったじゃないの！　いい加減にアタシを（F）追い回すのはやめてよ。何回（F）言えばわかるの？（F）バカなの？　あんたたちは」と烈火の如き剣幕でがなり立て、兄妹の肩を一人ずつ強く押した。

兄のほうは火がついたように泣き始めたが、アリスは泣くわけでもなく、当惑している風でもなく、相変わらず大きな目を見開いて母親を見ていた。

そのときのアリスの顔がどうしても頭から離れないので、アニー（・レノックス似の底辺託児所責任者）に目撃した内容を話すと、「明日、母親と話をします」と言う。

その後アニーがどんな話をしたのかは不明だが、母親は相変わらずの様子で、アリスが失禁したパンツやズボンを名前がついた棚に入れていると言うのに、何週間たっても持って帰らない。自分の子どもが朝とは違う服を着て帰ってきても気づかないのだろう。

娘のアリスにも何ら変化はなく、相変わらず獣のように子どもたちに食らいつき、赤ん坊の首を絞め、自分の口中にナイフを突っ込んでかき回したりして託児所を阿鼻叫喚地獄に陥れる。

が、最近になってこの野獣児の意外な一面を発見したのだ。

託児所の床に落ちていたリボンを見つけたアリスが、一生懸命それを自分の髪に結ぼうとしていたのである。アリスの短髪にリボンを結ぶのは無理なので、ヘアピンにリボンを結んで髪につけてあげたら、「ミラー、ミラー」と言って鏡のほうに走りだす。

そして鏡の前に立って自分の姿に見入っているので「プリティだよ」と言うと、あの凍りついたような顔が一瞬だけふるっと緩み、笑ってるんだか顔をしかめてるんだかよくわからない、意味不明な表情の変化を見せたのである。

突破口。というものは、どんな子どもとの間にもある。

リアーナの場合はアートだったし、ムスタファの場合はフットボールだった。

どうやら野獣児アリスの場合、キーワードは「ガーリー」のようで、鏡の前で髪をとかしたりアクセサリーをつけてあげたりすると、その間だけは別人のように大人しくなるのだった。

そんなある日のことである。

託児所で出た洗濯物の籠を抱えて支援センター地下の洗濯場に降りて行くと、昼間っから土間の隅で男女がねちゃねちゃ粘着し合っているのが見えた。

わたしがドアを開けた音に気づいて、一対の肉体は動きを静止したが、それもほんの一瞬の間で、ごそごそとまた絡み合いを再開する。

性行為を他人に目撃されてやめるか、開き直って続行するかが、既存の階級の人間とアンダークラスの人間の違いだというずいぶん差別的な説を聞いたことがあるが、そういう意味ではすず暗い洗濯場の土間で展開されていたのはまさにアンダークラスの男女の粘着であった。

そして裸電球の下で喘いでいた女は、ほかでもないアリスの母親だったのである。

急いで方向を転換し、ドアを閉めて階段を上るわたしの脳内に
GET THE F**K OUT OF HERE
という言葉が突出してきた。
潮時かな。と悟った。こんなところには長くいるべきではない。
こんな淀みきった場所にいつまでも出入りしていてはいけないのだ。

洗濯物を抱えたまま託児所のほうに戻ると、アリスが鏡の前に立っていた。ピンクのレースのついたカチューシャをつけて鏡に見入っている。

「見て、かわいくなった」

アリスに「ガーリー」が似合うわけではない。そんなものをつけてみたところで、外見の奇抜さが増すばかりではないか。

「私、プリティ?」

アリスはこちらに近づいてきてわたしの手を取る。

野獣児の手はぞっとするほど冷たかった。

だが同時にその手は、握り返さずにはいられないほどちんまりと小さい。

「うん。すごくプリティだ」

わたしは笑ってそう答えた。

アリスはとてもプリティとは呼べない珍妙な顔の歪め方をして、一生懸命に笑い返そうとしている。

炊事場のスーザン・ボイル

2009.6.5

無職者・低所得者支援センターの食堂はすべてヴォランティアによって運営されており、それ故その日キッチンに入っている人の顔ぶれによって食事のうまい、まずいが激烈に違う。

たとえばある日本人ヴォランティアがキッチンを取り仕切っている曜日は、ちらし寿司などのジャパニーズが出たりして、無職または低所得の人々でもトレンディな日本食を味わうことができる。といっても無職または低所得の人々は、トレンディで高価な日本食なんてものには縁がないので、「何これ」「ソーセージとチップスを出せ」みたいなリアクションもあるようだが、スーパーリベラルな思想ゆえに自ら底辺に降りてきた知的（&理屈っぽい）貧乏人の間では大変に好評な曜日である。

さらに、「まずい」と評判の英国料理も、本格的に作られたものはこんなにうまいのか。ということが確認できるのが、ルーシーという女性が炊事場に入っている日である。でっぷり肥って毛深い（ブルネットのくせに、まったく無駄毛の処理をしない。夏でも）このおばはんの手にかかると、シェパーズ・パイもラム・ホットポットもバンガーズ&マッシュも、こんなにうまかったのならもっと早くに言ってくれ、と英国継続在住一三年のわたしですら唸りたくなるほど美味しい。

むかしロンドンの日系企業に勤めていた頃、東京から来る物見遊山の出張者の接待で、セレブリティ御用達レストランで飯を食うこともあったが、そういう有名レストランの食事と比べても、ルーシーがキッチンに入っている日の当該支援センターの食事の味は劣らない。そんなに料理のうまい人だったら、ヴォランティアなんかしてないで、レストランでシェフとして働けばいいじゃないか。と思われるかもしれないが、彼女の場合は学習障害者であり、ストレスへの耐性が極端に低いので錯乱状態に陥りやすいというこころの病も抱えており、商業キッチンなどという緊迫した場所での勤務はまず無理である。

障害を持つ人間は、何かの分野で極端に秀でた人が多いというが、彼女の場合がまさにそれだ。

「あなたは料理の天才ですね」

ある日、日本人ヴォランティアのS子さんと一緒にベランダに佇《たたず》んでいた彼女に声をかけてみたことがある。

彼女はいきなり真っ赤な顔になって、あ〜、あ〜、う〜、ともじもじシャイになってS子さんの背後に隠れ、それから「きゃあああっ」と乙女のような悲鳴をあげてキッチンのほうに逃げて行った。

「知らない人に話しかけられると怖いのよ。褒められたりすると、余計にね」

S子さんに言われて、そうだったのか。と思っていると、ルーシーがいきなりベランダに駆け戻ってきた。

「あんた本当は私の料理のこと嫌いなんだろ。それならそれとはっきり言え、この（F）偽善者！

(F)嘘つき!(F)OFF!」

彼女は血相を変えてそう言い、そばのテーブルの上にあったグラスをわたしに向かって投げようとした。S子さんがとっさに彼女の手をつかんだので危機は免れたが、ルーシーは仁王立ちしてぶるぶる震えながら、ものすごい憎悪のみなぎる眼差しでこちらを睨んでいる。

褒めたのに激怒されるって、なんで?

と思ったが、当該センターに出入りしている人々には常識がまかり通らぬことが多いので、とりあえず謝罪すれば気分がよくなるかな。というまことに日本人的な姿勢で、

「何か気に障ることを言ったのなら、ソーリー」

と言うと、ルーシーは

「ふん、この腐れビッチ」

と吐き捨てるように言って、炊事場のほうに戻って行った。

このタイプの女性が、無職者・低所得者支援センターにはけっこういる。

何らかの才能は明らかに持っているが、障害やメンタルヘルス上の問題などによってそれを社会で換金することのできないおばさんたちである。こういう人々はみな独身で、一人暮らしまたは年老いた親と同居しており、身なりなどにも一切かまわないことから年齢よりもずっと老けて見え、「四五歳の処女」「口ひげばばあ」等のニックネームがついている。酒とドラッグとセックスに依存し、ぼろぼろ子どもを産んでは政府からの補助金をほしいままにする女性たちとは、また別のタイプのアン

ダークラスの女性たちである。

しかし当該センターのようなチャリティ団体はこのような女性たちの能力に支えられている側面があり、ある者は料理に尋常でない手腕を発揮し、またある者は英国人のくせにブリリアントな計算能力を持っていたり、写真を撮らせればプロ顔負けのおばはんもいるし、やたらめったら絵のうまい人などもいる。

力のある人を世の中は放っておかない。

というのは、わたしの元上司の口癖だったが、ここではものすごい能力のある人々が埃にまみれて世間の片隅で忘れ去られている。

とはいえ、「力」というものの中には、きっと実際の作業をする能力というのはあまり含まれておらず、自己プロモやネットワーキングを行う手腕といった「作業換金力」が八〇パーセントから九〇パーセントなのだろう。

だとすれば、前述のおばはんたちにはまったく「力」はない。ただ異様なほど「作業を行う能力」に恵まれているというだけで。


くだんのルーシーは今年五〇歳になるそうだ。一度も結婚したことはなく、郊外の小さな家で七〇代の母親と暮らしている。

当該センターが設立された一五年前からずっと炊事場でヴォランティアをしているそうだが、心ない誰かに「今日の食事はいまいちだった」と言われて激怒し炊事場で食器やガラス窓を破壊して暴れ、センターには顔も出さなかったブランクが二年ほどあるらしい。

「トラックに轢かれて潰れたような顔」「わきがが臭い」「炊事場のマッド・ウーマン」と子どもたちにからかわれてもまったく気にもしてない様子の彼女が、自分の料理に関することを言われると、けなされても褒められても過剰なほどに反応して錯乱する。きっとそれは彼女が、一銭の儲けにもならない仕事に全身全霊を傾けてしまうような、サッドでしょぼい人生を生きているからだ。

それでも彼女のつくったランチがあまりに美味しくて、「More! More!」の歓声とともに人々がフォークでテーブルを叩く音が沸き起こったときなどに、食堂のカウンターの奥で恥ずかしそうにタオルを頭にかぶって食堂を見下ろしているルーシーの顔は、ついこちらまで笑いたくなるほど嬉しそうに見える。

かくいうわたしなんかもたいそうサッドでしょぼい人間なので、究極の幸福というのは、ひょっとするとこういうことではないのかと思わされてしまうのである。

スーザン・ボイルは突然変異でも珍品稀品でもない。

英国社会の底辺には無数のスーザンたちが存在している。

ロザリオ

2009.7.10

世界三大美女産出国は3C。3Cとは、すなわちキューバとコスタリカとコロンビアだ。と書いたのは故・中島らもだったが、コロンビアという国の血には確かに何かがありそうだ。

底辺託児所にもコロンビア人の母と英国人の父を持つロザリーという二〇歳のヴォランティア女性がいるのだが、これがもうペネロペ・クルスの顔が不完全に思えるような凄まじい美貌の持ち主なのである。

無職者・低所得者支援センターに出入りするようになってわかったのは、英国社会の底辺を這っている女性たちには、女であることばかりか人間であることすら放棄してしまったようなクリーチャーも多いが、常識でいう「別嬪《べっぴん》」の基準ラインを大きく上回っている女性がなぜか結構いるということだ。

普通ならば恵まれた容姿を活用してぶいぶい言わせるとか、裕福な男を捕まえて成り上がるとか、そういうアンビシャスな人生パターンが思い浮かぶが、底辺から這い上がれない彼女たちを見ていて思うのは、本物の美人はビッチにはなれないのではないかということだ。彼女たちに共通しているのは、顔とそれ以外の部分が妙にちぐはぐであるというか、自分が美人だという派手な事実をハンドルできずに持て余しているような感じなのである。

というわけで前述のロザリーも、わざとそうしているのかと思うほど、ファッション、体の動きも含め、全体の印象がとにかく目立たない。若い娘にしてはイメージにカラフルさがないというか、なんかこう、色褪せた霜降りグレー、あるいは、ばばシャツのベージュって感じで、容易に壁や家具と同化してしまう。

性格も静かで淡々としているので存在感がないのだが、底辺託児所ではアニー(・レノックス似の責任者)の信頼厚く、実は最も「デキる」スタッフである。きゃらきゃら陽気にはしゃぐタイプではないので、それほど子どもたちに人気のあるタイプには見えないが、実は子どもたちからの慕われ度もナンバーワンで、誰かから殴られたり転んだりして泣きだした子たちは、まず彼女のところに走って行ってハグを求める。

ロザリーはブライトン大学で小学校幼稚部教諭になるために学んでいる。で、その成績が大変に優秀なので、彼女の教育実習先である底辺託児所に地方自治体から奨励金が下り、そのおかげで我々スタッフが託児所の費用負担でチャイルドケアのコースに通えるのだということをわたしは最近知った。その奨励金にしても、通常は対象学生となった本人が奨学金として一部受け取るものらしいが、ロザリーはそれを拒否し、大学に通いながらカフェや民間の保育園でも働いており、いまどきそんな学生いるのかというような大変な苦学生だ。

「民間の保育園で働いているんだったら、何もここでタダ働きしなくてもいいじゃない」

下卑た質問をする下種《げす》なばばあであるわたしが言うと、ロザリーは答えた。

「ここで働くことは、私にとって大きな意味があるんです」

「なんで？」

「……私も、ここに来てたことがあるから」

「来てた、って？」

「子どもの頃、私もここに預けられていたんです」

へっ？　と返す言葉を失っているわたしにロザリーは微笑する。

スラムの孤児院で働く修道女のイメージすらある清く正しいロザリーと、底辺託児所のばっちくて邪悪なガキどもとのギャップはあまりにも大きい。

「ずいぶん私もアニーの手を焼かせたみたいです」

「そうなの？」

「リアーナやアリスを見ていると、私もああいう子どもだったんだろうなあと思います」

設立当初から当該センターに出入りしている洗濯場のおばはんの話によれば、ロザリーの母親はヘロイン中毒だったそうで、父親はＤＶで刑務所から出たり入ったりし、実質的にロザリーの面倒を見ていた年老いた祖母が、託児所に幼い孫を預けにきていたという。

「でもそのばあちゃんがまた、盗品を売りさばいて金儲けしてたストリート・ギャングの影の元締めで、警察がしょっちゅう家に出入りしていたから、ソーシャルワーカーがあの子を取りあげに来たことがあった。ロザリーは泣きながら託児所に逃げてきたんだよ。自分はどこにも行きたくないって言ってね。だから母親が完全にクリーンになって病院から出てくるまで、アニーがあの子を引き取って面倒見たんだ。昔はね、そういうことを許す、情のあるソーシャルワーカーもいたんだよ」

おばはんはいかにも安そうな激烈なかほりのする巻煙草を吹かしながら、洗濯場の土間でそう言った。

どうりで、わたしの半分にも満たない年齢の娘のわりには肝が据わっているというか、クソガキどもの暴力や騒音にも動じないわけである。柔和ながらも妙に凄みのある態度でガキどもを諭す姿がアニーに似ていると思うことがしばしばあったが、彼女にそういう過去があったのなら納得がいく。

「綺麗な子だからね、早くからマセちゃって、あの子も手がつけられなかった。普通はね、そこでガキを産んで、上の学校なんか行かないで生活保護もらうようになって、ここの託児所にガキを預けるようになるのがこのへんの女の常なんだけど、あの子の場合は全然違う形で帰ってきた。ここの出世頭だよ」

酒と煙草で焼けきった、おっさんのようなだみ声で洗濯場のおばはんは言う。

「アニーやセーラやジョーや、底辺託児所で働く大人たちがみんなであの子と母親を支えてきた。今どきの世の中にはなくなってしまった、コミュニティ・スピリットがあるんだよ、ここには」

ある日、底辺託児所で他の子の首に噛みついた野獣児アリスのところに、ロザリーが走って行くのを見た。

「アリス、やめなさい」

そう言いながら、噛みつかれた子を抱きしめようと手を差し伸べたロザリーに、びくっとしてアリスが身を縮める。

底辺託児所ではよく見られる、被虐待児の特徴である。大人に叩かれ慣れている子どもたちは、大人が自分の近くで手を動かすと反射的にびくっと身を縮める。

「アリス、そうやって怖がるのもやめなさい」

ロザリーは泣いている子を抱き寄せながら、ぴしゃりとアリスに言った。

「そうやってびくびくすると、それが気に障ってもっとあなたを叩きたくなる人たちがいるから。叩かれたくなかったら、堂々としてなさい。とても難しいことだけど、ずっとそう思って、そうできるようにしていると、そのうちできるようになる」


ロザリー。とは、英語でロザリオのことだ。

同じ祈禱《きとう》の言葉を幾度も幾度も反復するロザリオ。

同じ腐った現実を幾度も幾度も反復する底辺社会。

しかしアンダークラスの腐りきった日常の反復の中にも祈りはある。

とても難しいことだけど、ずっとそう思って、そうできるようにしていると、そのうちできるようになる。

ロザリーはきっとその祈りを全うするためにここに戻ってきたのである。

たどり着いたらいつもどしゃ降り

2009. 7. 18

来る日も来る日も灼熱の太陽が頭上でサンバを踊っていたので、調子にのって「底辺託児所お出かけの一日」を考案し、友人知人のツテを利用しまくって赤いダブルデッカー・バス（しかも二階の屋根のない観光用のやつ）をタダ借りして、みんなで夏の牧場ピクニック。などという愛らしい企画をたてたのが間違っていた。

朝方はまだ薄曇り&小雨の状態だったので、「この国じゃ、このくらいの天気は我慢してお出かけしないと、どこにも行けないよね」と笑い合いながら、傘、雨がっぱ、ゴム長持参でバスに乗って元気よく出発したのはいいが、一五分後には豪雨のためとても二階には座っていられない状況になり、三〇分後には雷と強風までジョイントライブを決め込みやがった。

「ちょっとこれ、引き返したほうがいいんじゃないですか？」と言うわたしに、

「でも、一時間後には晴れてるかもしれないから」と、託児所幹部らは強行突破の姿勢を崩さない。

「一日のうちに四季がある」というより、「一日のうちに世界旅行が楽しめる」と言ったほうが適切

なぐらい天気の起伏の激しいこの国の夏のことだから、確かに幹部らの言うとおり、昼ごろには太陽が燦々と輝いている可能性はおおいにあるのだが、それにしても可哀そうなのはガキどもである。

底辺託児所のことなので、「牧場？　だっせー」「スニーカーに馬糞がついて臭えんだよ」みたいな冷めたことを言うガキが多かったが、そうは言ったもののわりと楽しみにしていたことは、各人がランチのバッグをしっかり膝の上に抱き、バスの二階の座席から立ち上がって道行く人々に手を振ったり、中指を突き立てながら「Fu**ing bastard!!!」と陽気に挨拶したりしていた姿からもわかる。

普段あまりいろんなところに連れて行ってもらえない貧民の子どもたちなんだから、天気のほうもちょっとは加減して思い出に残る一日を過ごさせてやればいいのに、どういうわけか底辺託児所でお出かけをするときまって大雨、暴風、嵐などの凄絶な天気になる。そうなると子どもたちは自然や動物との触れ合いもできなければ楽しいランチもできないので、どろどろになった服を着て恨みがましい目つきでバス内部に座り、いかにもまずそうにランチを食べている。というおきまりのパターンになるのであり、そのうち誰かが殴り合いを始めたり、バスの中で糞尿を漏らす子、嘔吐する子などが出てきたりして、憤怒の叫びと号泣とぐずり声の渦巻くなかで帰路につくことになるのである。

考えてみれば、ホームレスになる、親が刑務所に送られる、などの、大変なことの起こりがちな家庭に生まれてきた不運な子どもたちである。それらの不運児が集結した場合には、マイナスとマイナスを足したらプラスに裏返るように、状況は一転してラッキーになってもよさそうなものだが、やはり人生とはそんな甘いものではなく、負のパワーが集結して大雨、暴風、嵐を呼ぶばかりだ。

四歳のくせに妙に苦渋に満ちた顔をしてサンドウィッチをほおばっているモーガンなんかも、ここのところ一段と不運度が高まっている幼児だ。飲酒問題を抱えた母親が、しばらく断酒に成功していたにもかかわらずまた飲みだしたのである。

ドラッグ問題に比べて、この国には（人のことは言えないが）アルコール問題を抱えた女性は多いので、母親が大酒を飲むからと言っていちいちお上が子どもを取りあげていたら英国財政は瞬く間に破綻するだろう。が、問題は大酒を飲む母親が暴れる場合だ。

泥酔してパブで喧嘩してそこら中のものを破壊する。真っ赤な顔して路上で卑猥なことをわめいたり服を脱いで踊ったりして警察に捕まる。子連れで出かけた友人宅のバーベキューで深酒し、帰路でへらへら笑いながら街角のリサイクル用ごみ箱の中に入って行って寝てしまい、子どもが泣きながら警察署に助けを求めて走った。

などのエピソードは酒飲みの武勇伝としては笑える話だが、幼児を持つ母の所業となると世間は許さない。しかも、それが生活保護受給中のシングルマザーとなると、これはもうれっきとした「母親失格者」であり、今日もこうしてモーガンがピクニックに参加している間、ソーシャルワーカーと彼の母親でミーティングが行われており、アニー（・レノックス似の託児所責任者）も当該ミーティングに同席している。

「モーガンのサンドウィッチ、ソーセージとエッグマヨネーズじゃん。わたしの一番好きな組み合わせ」

明るく声をかけてみるが、モーガンは斜め下からの目線でこちらに一瞥をくれると、また苦渋に満ちた顔で食事を続ける。

「… I'm SAD TODAY」

モーガンはぽつりと言った。ソーシャルワーカー云々の事情は知らないはずなので、悪天候でピクニックが台無しになったことを意味しているのだろうと思い、わたしは答える。

「雨になっちゃって、残念だったねえ」

「雨だけじゃない。風もびゅうびゅう吹いてる」横からスタンリーが言う。

「雷も鳴ってる。それも、すごく近くで」メイも加わる。

「託児所で出かけると、いつもこうだ」「朝は晴れてるのに、バスに乗ると（F）大雨が降りだして、ずっと（F）バスから出られなくって、託児所に戻ったら急に（F）いい天気になる」「ほんで、じゃあもう一回行こうか、ってバスに乗ったら、また空が暗くなるのよ」

Why does it always rain on me?

ふと、むかし流行った歌の一節を思い出す。

なんで僕の上だけ雨降りなんだろ？　晴れているときでさえ、僕は稲妻から逃げられない。

というような歌詞だったと思うが、これが青年の繊細な心象風景を歌ったものであるのに対し、底辺託児所のガキどもの場合は、物理的に、本当に豪雨になるのだから、「気のせいよ」とかいう言葉では慰められない。

むっつりとサンドウィッチを食べ終えたモーガンが、

「おしっこ」

と言うので、牧場の駐車場脇にあるバラック小屋みたいな厠《かわや》に彼を連れていく。

用を足して子ども用の低い洗面台で手を洗うモーガンに、ペーパータオルを渡そうとすると、彼の目元から水の雫が垂れ落ちている。

「どうしたの?」と尋ねるわたしに彼は答えた。

「... I'm SAD. I'm VERY VERY SAD. I need MY MUMMY HERE, NOW」

彼が何をどこまで知っているのかはわからない。わからないのでわたしは何も言わない。こいつらの現実には、「気のせいよ」という言葉は通用しないのだ。


お約束のように熾烈さを増した雨脚にひるみ、モーガンとわたしは厠の入り口に立っていた。まるで雨ざらしになったてるてる坊主の軍団のようにみすぼらしいガキどもが、ダブルデッカーの窓にすずなりになって、早くこっちに戻ってこいと手で合図している。

「待っててもしょうがないから、行こうか」

モーガンは濡れた丸い目でわたしを見上げる。

「早く帰って、マミイに会おうよ」

モーガンはこっくり頷き、レインコートのフードを被ってわたしの手を握り締めた。

愛のモチーフ

2009.7.29

野獣児アリスが、託児所に来なくなった。

彼女の母親の育児につきどうこう言う人が託児所内部に多いので、「そのうちソーシャルワーカーにタレこまれ、知らないうちに子どもを連れ去られるのではないか」と疑心暗鬼になった母親が、アリスを連れてくるのをやめたのだ。という人もいる。

また、アリスが連日のように託児所で失禁して着替えさせられても、一向に濡れた服を持ち帰る気配のない母親に、「アリス、その（託児所所有の）スカートかわいいね。朝着てた服よりずっといい」と嫌味をぶちかましてしまったアニー（・レノックス似の責任者）に対し、母親が激怒しているからだという説もある。

一方、飲酒問題を抱えた母親を持つモーガンの家庭には本格的にソーシャルワーカーが干渉するようになった。母親は「自己再生に向けての禁酒プラン」を作成させられたそうで、その一環としてAAにも通い始めたという。

酒が入っているときは腹を抱えて笑ってしまうようなギャグをかます愉快な女性が、酒を断つと妙に不愛想で暗い人になる。酒で感受性を麻痺させないと、神経が尖って余計なことまで考えてしまうタイプなのだろう。酒は飲むけど陽気でおもしろい母親がいいのか、酒は飲まないが陰気でとげとげしい母親がいいのか。このところ沈んでいるモーガンの顔を見ていると、世の中の事象には、善悪も含めたすべての事柄に一長一短があるなあと思わずにはいられない。

底辺託児所には圧倒的にシングルマザーの家庭が多い。

よってここに来ているガキどもの生活には、男性の匂いはしても父親の匂いがない。母親の恋愛相手としての男性は存在しても、男性の親がいないのだ。だから、まだ学校に通っておらず、友情や恋情といった他者との関係を育むまでに至っていない年齢の幼児たちにとっては、生活のすべてが母親一人にかかっている。

これは、はっきり言ってきつい。

特に、働くわけでもなく、一日中子どもと一緒にいるシングルマザーにとってはしんどい。そんなに私を見るな、話しかけるな、求めるな。と切れそうになることもあるだろう。

このあまりにも濃密で逃げ場のない人間関係を、酒やドラッグやセックスで忘れたくなることがあったとしても当然だろう。倫理的な「○×」の観点からではなく、人間の「リアル」の観点から考えれば。

底辺託児所では学期末に各児の成長記録ファイルを保護者に渡しているが、この学期末はわたしもファイルの整理を手伝わされ、子どもたちの母親がコメントを書きこむ欄を初めて読んだ。ディスレクシアで文字の読み書きができず、力を込めて震える手で一時間かけて書いたのがこの一行でした。というようなコメント。

一生懸命書いているのは伝わるが、外国人が読んでもそれとわかるほどに文法&スペルの間違い続出の拙い文章。

チャイルドケアの学生のエッセイなんかよりよほどディープな幼児教育への洞察を垣間見せながら、隙のない文章構成で斬新な論旨を展開し、こんな文章を書ける人がどうして生活保護受給者なのかというと、そういう人ほど企業では働きたくないのとか言って無職なんだよなあ。と再確認してしまう、インテリ・ヒッピー系底辺マザーのミニ論文。

どの母親も、自分のライティング能力の範囲で精一杯にコメントを書いている。こういうときの親の文章は、お上に虐待の疑いをもたれた場合などにまず証拠として使われるので、みんなそれを意識しているのだろう。通常の幼稚園や保育園なら、こんなコメントは適当に書き飛ばす親が大半のはずだ。

加え、当該ファイルには、子どもたちが託児所で描いた絵やコラージュなどの作品も含まれることになっており、それぞれの子どもの作品を整理していると、やはり母親がテーマになっているものが異様に多かった。

母親の顔。母親の気分。母親がしていること。母親が好きなもの。

前述のモーガンなどは、画用紙を黄金色に塗りつぶして「尿。またはマミイのビール」と題した作品があるし、アリスにも、赤と黒の絵の具を筆で叩きつけたものに鋏の先でヴァイオレントに穴を開けまくり、「怒れるマミイ」という題名をつけた圧倒的な作品がある。こうしたパワフルな子どもたちのアート作品と、前述の母親たちのコメント文とを見比べてみると、それらは奇妙なバランスを持って吸引し合っていることに気づく。

「アリスはいけないこともたくさんするけど、近所のペット屋にウサギを見に行くと、とてもキュートに笑うことをマミイは知っているよ」

アリスの母親はそんなコメントを書いていた。

アタシは子どもを虐待してると思われているらしいけど、アタシらにだって親子らしい時間はあるんだよ。という、母親からアニーへの反撃のようにも読める。

が、託児所ではうまく笑えないアリスが、「怒れるマミイ」の前ではキュートな笑顔を見せるというのはきっと事実なのだろうと思う。

母子の愛というものは、男女の愛にも似ているからだ。

くだらない相手だからといって、自分にとってプラスになるどころかマイナスにしかならない相手だからといって、好きになってしまったものを愛することはやめられない。そこでやめることができるぐらいの愛なら、そんなものは最初から愛ではないのである。

尿色のビールや、炎のように暴力的な母親の怒りや、黒ビニールのゴミ袋に身の回りの物を入れて路上をさまよう母子の姿。

底辺託児所のガキどもが描く愛のモチーフには夢もなければ明日もない。

が、愛というものは、いつも美しい空や小鳥のさえずりとともにやってくるものではないのだ。腐りきった関係だって、愛に満ちていることがある。

「この託児所を来る洋になって、彼はとてもたくさんしゃべる洋になりまして、とても感謝をし、ています。モーガンはとても優しい、私の、こ供です、」

日本語で記述すればそんな感じになるだろうか、まともに学校を出ていないモーガンの母親が書いたコメントは、前置詞や句読点や綴りがおかしい箇所だらけだ。

そのコメントの入ったページの隣に、わたしはモーガンの「尿。またはマミイのビール」の絵を挿し入れた。画用紙の裏には、当日アートテーブルを担当していたスタッフの手でこういう解説が書きこまれている。

「『きれいな金色の画用紙ができたね』と話しかけるとモーガンは答えました。『これはマミイが流しに捨てたビールの色。栓を開けて全部捨てちゃったから、おしっこみたいに一杯流れていった』」

腐りきった世界には、腐ったなりのビューティがある。

マイ・リトル・レイシスト

2009.8.17

営業マンに苦手なクライアントがいるのと同じように、保育士にも、できればスルーしたいと思うガキはいる。わたしの場合、そのカテゴリーに該当するのは凶暴児ジェイクだった。

なにしろ彼の場合、顔つきがまず尋常ではない。こんなに暗い目、というか、ひょっとしたら狂っているのではないかと思うような強烈な目つきをした幼児を、わたしは他に知らない。

そんな凄い目つきのガキが、殴る、蹴る、痛めつける、破壊するといった行為をエンドレスで行っており、諭せば必ず暴力で反撃される。また、口にする内容がいっぱしのアンダークラスのフーリガンなため、人種差別的発言が多く、外国人の大人にとっては忍耐力を試されることになる。

その上、妙に頭がよく、どこを突けば大人を傷つけることができるか正確に知っているから始末におえない。

かくいうわたしなんかも、そもそも彼に対して苦手意識を持つようになった直接の原因は、

「あんたみたいな外国人は託児所で働くな。俺の英語まで台無しになるから」

と言われたからであった。

英語圏の国で生活を始めた頃の外国人は、言いたいことがきちんと伝えられない、相手がよくわかってくれない、などの苦労の連続で、「自分は英語ができないから」という諦念と謙虚さを胸に生活しているものだが、これが海外生活も長くなり、前述のような苦労がなくなると、自らがネイティヴになったかのような大いなる勘違いを抱く瞬間がある。

そこに四歳のガキからリアリティのナイフをぶすりと突き立てられたものだから、（至極まともな正論であるだけに）わたしは年甲斐もなく傷ついたのである。

そういう事情で、できるだけ凶暴児とは関わらずに済むようコソコソと姑息な努力を続けてきたわけだが、そのうち彼が小学校の準備クラスに通い始めたので、学校がホリデイの時期以外は託児所に来ることはなくなり、内心ほっとしていたのである。

その間も、当該センターでいろいろとジェイクの家族の噂は聞いていた。

妊娠していた彼の母親が、黒い肌の赤ん坊を産んだこと。

その赤ん坊の父親が、ジェイクの自宅に移り住んできたこと。

そしてジェイクの父親が、「ニガーと俺の息子を一緒に住ませるな」と言いながらジェイクの自宅に押し入ってきて暴れ、警察沙汰になったこと。

以前、聖ジョージの旗（白字に赤十字のイングランドの旗）のついたTシャツとキャップを身につけたジェイクと父親が歩いているのを見かけたことがあり、ははは、アホだな、ここまで来たら。と思ったことがあったが、所謂アンダークラス右翼と呼ばれる若者の多くが、「外国人に仕事を取られた」「女を取られた」などの私的な理由で外国人排斥を叫びだすのと同様、ジェイクと父親にも、聖ジョージの権化となって商店街を歩かねばならぬ理由があったのだろう。

そのうち学校が夏休みになり、底辺託児所に戻ってきたジェイクは、ほんの数か月会わない間にすっかり大人になっていた。言葉数がめっきり減り、あまり他人の呼びかけに反応したり怒ったりしない。

暴力的なのは相変わらずだし、赤ん坊を見ると手を出したくなるようで目は離せないが、以前のように所構わず暴発している感じではなく、ぶち切れる回数も減った。

誰もいない昼寝部屋に一人でぽつねんと座り、黙々とレゴで遊んでいる姿など見ていると、こいつ具合でも悪いんじゃないかと思えてきて、つい隣に腰をおろしてしまう。

「なんか複雑そうなもんつくってるね。ロボット？　それとも、モンスター？」

と話しかけると、ジェイクは斜め下からの目線でわたしに一瞥をくれた。

「そんなんじゃない。エイリアンだ」

「エイリアンか……。いろんな色のエイリアンがいるね」

幼児たちがレゴで何かを制作する場合には、複数の色のブロックを使用するのが普通だが、ジェイクのエイリアンはそれぞれ一色のみで制作されているところが、どことなく異様な感じがした。

赤いエイリアン、白いエイリアン、青いエイリアン、黄色いエイリアン。

黄色と緑、とか、白と青と赤、とかいう、複数の色遣いのエイリアンがないのである。

「青いエイリアンは背が高いね。黄色いのは小さいから、マミイとベイビーかな」「色の違うエイリアンは親子にはなれない。こいつは赤い星、こいつは白い星、こいつは青い星から来た。だからこいつらはファミリーにはなれない」「どうして？　別にいいじゃん、今はみんなこうして地球にいるんだから」「こいつらがファミリーになれないのは、それぞれの色に優劣の順番があるからだ。一番優れたエイリアンは白。その次は青、その次が赤で、その次が黄色。一番劣っているのは黒」

Diversity と Equality を推進する英国の保育士としては、黙って聞き捨てておくわけにはいかない言葉だ。が、そうやってエイリアンの話をしている凶暴児が、いつの間にかわたしの腕に頭をもたせ、赤ん坊のようにわたしの髪を触りだしたものだから、びっくりするやら当惑するやらで、どう反応していいものやらわからなくなる。

「黒いエイリアンたちは宇宙戦争で負けた。それは奴らが最もバカで、弱くて、劣っているから。黒い奴らは呪われている。神様は黒い生き物が嫌いなんだ」

腕に触れているジェイクの頭は、拍子抜けするほど小さい。

きっと神様に嫌われている気分になっているのは、ジェイク本人なのだ。

「ファッキン・ブラック、ファッキン・スチューピッド・ニガーズ」

問題発言を連発しているジェイクは、自分が安心しきったように体を預けている相手がファッキン・チンクだということに気づいているだろうか。

窓の外はざあざあと雨が降っている。

説教とハグは、どちらが効果的なのだろう。と考えながら、わたしは押し黙っていた。

なんだかどちらも大きく外れているような気がする。

と、生まれた日から虐待されてきたバンビみたいな瞳をしてジェイクが言った。

「アイ・ドント・ファッキン・ケア」

雨音だけが昼寝部屋に聞こえている。

その冷たい静けさの中で、リトル・レイシストと東洋人のおばはんが、体の一部だけをゆるく触れ合いながら、別々に座っている。

ブライトン・ロック

――ミテキシーとベッキーと、時々、ミッキー

2009.9.3

「最近の親は、アニメの主人公の名を考えるような感覚で自分の子どもに名前をつけている」と日本の文化人が嘆いている文章を読んだことがあるが、似たような傾向は英国にもあり、「最近の子どもは、変わった名前とか、高齢者になったらその名前はちょっと苦しいかも、というような名前が多くって」

とアニー（・レノックス似の託児所責任者）も言っていたことがある。

中でも、最近スペルがわからずに苦労した子どもがミテキシーであり、耳で聞いた通りに綴ってみるが、こんな名前、本当にあるのか？　と思い、アニーに書類を見せてみると、「そのスペルで合ってるわよ」という。

「珍しい名前ですよね」「インディアン（インド人ではなく、北米先住民族のほう）の女性名なの」だそうだが、ミテキシーは純然たる白人系英国人であり、豊かなブロンドの髪に、ビー玉みたいな青い瞳をしている。

四歳のミテキシーには、三歳になる弟がいるのだが、彼の名はオスカーという。こっちのほうは珍しい名前でも何でもないが、母親によれば、

「オスカー・ワイルドにちなんでつけたの」

だそうで、彼のミドル・ネームは「ワイルド」だ。やはり、珍しい。

インディアンの名やオスカー・ワイルドの名を子どもにつけていることからも想像できる通り、彼らの母親は、底辺託児所に来ている母親の中でも「インテリ・ヒッピー系」に属しており、噂が本当ならオックスフォード卒だという。

なんでそういう人がアンダークラスに落ちてしまったのかというと、妙な男に引っかかって道を踏み外し、酒やドラッグに依存する身の上になって人生の軌道修正もできないままに複数の子どもを産んでしまったからであり、妙な男に引っかかった時点でミドルクラスの親からは勘当されてしまったのだという。

無職者・低所得者支援センターには、こうした「転落したお嬢様」が数人来ている。これが日本であれば、孫が生まれた時点で勘当やなんかはうやむやになりそうなもんだが、情に流されてなかったことにならないシビアな何かが英国の「階級」にはあるのかもしれない。

そうした元お嬢様たちの中でも、ミテキシーの母親にはひときわ生活&育児に憔悴している印象を受ける。三歳と四歳の幼児を抱えたシングルマザーというだけでも大変なのに、ミテキシーはダウン症だ。普段は障害児を多く受け入れているプレスクールに通っているらしいのだが、そこは学期中だけしか保育をしておらず、夏休みの間だけ底辺託児所に来ることになったのだった。

「あなたがミテキシーの担当になってちょうだい」

ある日、朝一番でアニーに言われたとき、わたしは思わず声を出した。

「ええええっ?」

わたしには障害児保育の経験はない。模範的ジャパニーズ・カトリック(しかも普通に殉教者や隠れ切支丹の子孫がいたりする古風な九州の)だった頃、日曜ミサの時間帯にダウン症の子どもを預かっていたことはあったが、そんなに何時間も面倒を見たことはない。

が、そんなことを思ってひるんでいる暇もなく、栄養失調にかかった若い頃のジェーン・バーキン、といった感じの母親に手を引かれてミテキシーが託児所に入ってきた。

「ハーイ」

とミテキシーに挨拶するが、相手からは何の反応もなく、わたしの顔さえ見ていない。

「初めまして、ミテキシー。わたしはミカコ。ミカコって言うのが難しかったら、ミッキーでいいよ。今日はわたしと一緒に楽しく遊ぼうね」

努めて明るく笑いながらそう言うが、わたしの言うことはすべてつるつる上滑りしている。

「そんな言葉より、ぐっとこの子を抱くのよ。ほら、膝に乗せて」

痩せこけたジェーン・バーキンはそう言ってミテキシーをわたしの膝に乗せた。四歳児にしては異様に大きなミテキシーの重みで、わたしの体がぐらっと揺れる。

「揺れちゃ駄目なのよ。相手がぐらつくと、この子は不安になるの」

ミテキシーは「ぎゅわあ、ぐっわあああ、ぐるるるるる」という奇妙な音声を発しながら、わたしに抱かれることを拒否している。

「ミテキシー、お願いだからミッキーのほうにいってちょうだい。マミイはお休みする時間が必要なの。あなたを心から愛するためには、あなたと一緒にいない時間も必要なのよ」

ジェーン・バーキンは言ったが、ミテキシーにそれがわかるはずもない。

「ブランコに乗せて。この子はブランコが好きだから。そうすれば、私がいなくても大丈夫だから」

そう言い捨ててジェーン・バーキンは逃げるように去って行った。

「うおおおおおお。ぐるううううぉおおおお。ううわふあああああああ」

ジェット機のエンジン音のような唸り声を聞かせながら、ミテキシーは母親を後追いしている。

とりあえず、ブランコに連れて行くか。とミテキシーの手を引いてみるが、全身でその場に踏ん張っている彼女の体は石のように硬く、重く、ちょっとやそっとでは動かない。

うーむ。と困惑するわたしを救助に来たのはベッキーだった。

ベッキーとは、学習障害を抱えた女性であり、週に一度だけ底辺託児所のヴォランティアとして働いている。パーソナリティ障害の診断も受けているらしく、感情の振れ幅が異様に大きいので、激怒するととてつもないことをしでかすことがあり、わたしなども植木鉢を顔に投げつけられそうになったことがあるが、どういうわけか時の経過とともに妙にフレンド視されるようになり、この頃ではいろいろとわたしを手伝おうとしてくれる（それによって必要以上に事態がややこしくなることが多いのではあるが)。

「ブランコに乗ろう!」

母親を求めて野獣のように唸り続けているミテキシーの手をむんずとつかみ、ベッキーはずんずん歩き始めた。

有無を言わさぬ強引さに圧倒されたのか、ミテキシーは唸り声を発するのをやめて21号サイズのベッキーの腕力にずるずる引きずられて行く。

障害者に障害児の手を引かせている。などというところをアニーに見られたら叱られるのは必至。と思いながら、わたしはオロオロと二人の後を追った。

「ブランコ! ブランコ! イエ〜イ、ブランコに乗るんだ!!」

が、こちらの気持ちも知らず、ベッキーは声高らかに叫ぶ。

背筋が凍ってぴきぴきになるほど嫌な予感がした。なぜなら、ベッキーとブランコ。それは最悪の組み合わせだからである(なぜ最悪なのかは、『あのブランコを押すのはあなた』参照)。

しかし、ミテキシーをブランコの下まで引きずって行ったベッキーは、唐突に動きを止めてわたしの顔を見た。

「アタシは子どもを抱きあげちゃいけないって言われているから、あんたやってよ」

ベッキーは、幼児を抱き上げないようにアニーから注意されているのだった。

「なんでアタシは子どもを抱っこしちゃいけないんだよ」と食ってかかるベッキーに、「それはあなたに障害があるからです」とアニーがクールに答えるのを耳にしたことがある。

それはあなたに障害があるからです。

とはまた、剃刀シャープな台詞だな。とそのときは驚いた。

実際、ベッキー本人も気分を害されたようで、そこらへんの椅子やテーブルを蹴り散らしながら託児所から出て行ったのである。

そのベッキーが、今日は自分から「アタシは子どもを抱きあげちゃいけないんだ」と言っている。

わたしは彼女の言葉に従ってミテキシーをブランコに乗せ、ゆっくりと押し始めた。

「ぐるるるるるるる、ぎゅうううううう、ぐうううわああおおおおおううううう」

普通の生活をしている人間が聞いたら、いったい何事かと思う声に違いない。

不快でやるせなくて怖くて悲しくて苛立たしくて不安。

それらマイナスの感情が混然一体となってとぐろを巻いているような、そういう声。


「この子を楽しませてやんなよ！」と、唐突にベッキーが言った。

「は？」

「楽しい気持ちにさせて、笑わせてやんな！」

こんな陰気きわまりない音声を発している子を、どうやって笑わせろというのだ。

「ほら、あんたがいつもやってる、『膝を捕まえてやるぞ～』って言いながら、子どもの膝をくすぐるやつ。あれをやってやんな」

「でも、あれが彼女にウケるとは思えないけど」

「なんで？」

「……」

「やってやんなよ。他の子どもにしていることが、どうして彼女にはできないんだ」

と言われてやけくそになり、わたしはブランコ前方に立って「爪先を捕まえるぞ〜」「膝を捕まえるぞ〜」と言いながら、ブランコが前に振り出てきた瞬間にミテキシーの足をくすぐる。

「ほら、ね。全然楽しそうじゃないじゃん」

「ずっと、繰り返し、やるんだよ。いまやめたら駄目なんだ。何度もやってやんなきゃ」

言われた通りに、わたしはくすぐりを繰り返す。そうしなければベッキーまで不機嫌になって一層ややこしいことになるのは目に見えているからだ。

「膝を捕まえてやるぞ〜、こちょこちょこちょこちょこちょ」

「爪先も捕まえるぞ〜、こちょこちょこちょこちょこちょ」

何の反応も返さない障害児を相手にそんなことを続けている気分は、ざらざらとして虚しい。

「ぐるるるる、ぎゅううううるうるうるうううううう」

すると、何かがふるっとわたしの腹のあたりに触れた。

わたしがブランコのそばに寄りすぎて、偶然ミテキシーの足が当たってしまったんだろう。と理解して、体を後方にずらす。

が、次にブランコが前方に揺れ出てきたときにも、彼女の足は確かにわたしの腹に触れたのである。

「あんたのこと蹴ってるんだよ。はははははは。この子、あんたをキックしてるよ！」

ベッキーが言った。

「蹴ってるの？　ミテキシーが、わたしのことを？　痛いなあ、痛い、痛い」

大袈裟に痛がりながらわたしがそう言うと、ミテキシーはきゃっきゃっと大きな声を出して笑い始めた。

「どうして笑うの？　ひっどいなあー」と言うと、笑い声はさらに盛り上がる。

わたしを蹴ろうとする彼女の足が伸びてくるたびに、くるくる回って後方に下がりながら「やめてやめてやめて」などと言っておどけているわたしは、客観的に見ればたんなるバカだ。

が、たんなるバカでいるのは妙に晴れやかな気分だった。

自分が投げたボールを誰かがまっすぐに投げ返してくれる。

たったそれだけのことで、人間はこれほどアップビートな心持ちになれるのだ。


「ひゃあああああ、ぎゃああああああ」とくるくる回り続けるわたしの頭を、「あんた、ひょっとしてホントにバカじゃないの」とベッキーがバシバシはたく。

二年前のわたしがタイムワープしてきてこの情況を見たら、そっくり返って絶句していたに違いない。クールなUKに憧れていた二〇年前のわたしがタイムワープしてきたら、己の行く末に絶望して自らのパスポートを粉砕焼却し、渡英などという愚行は決してしなかっただろう。

そろそろ託児所にいるのも飽きてきたらしいベッキーは、腹が減った、いま何か食わないと死ぬ、とぶつぶつ言いながら食堂のほうに歩き始めた。のしのし歩き去ろうとするベッキーの尻ポケットから、カラフルな棒状の物が一本ぽろりと落ちる。そういえば、今年は不況で観光客が激減したので大量に余ってしまったというブライトン・ロックの箱を持って、某土産物屋の主人が底辺託児所に寄付に来たのだった。

ベッキーは子どもたちと奪い合うようにして段ボール箱に手を突っ込み、その英国版金太郎飴を鷲づかみにしてポケットに入れていた。

半枯れした芝生の上に落ちたブライトン・ロック。

言ってみれば、それは鬼怒川の舗道に落ちた温泉饅頭のような絵である。

本物のブライトン・ロックは、ロックとは何の関係もなく、グレアム・グリーンとも何ら関わりはない。

「ベッキー、落ちてるよ、飴が!」

そう叫ぶと、ベッキーは振り返り、自分が落とした飴のほうに走って行って、「これはアタシのだって言ってるだろ、触るなこのクソガキゃあ」とそばにいる子どもたちを威嚇しながら拾っている。

「サンクス!」とベッキーがこちらに叫び返してきたので、わたしも叫んだ。

「こっちこそサンクス、今日はヘルプしてくれて」

「心配すんな、ミッキー。ミテキシーはあんたのことが好きになるよ。アタシにはわかるんだ」

そばで一部始終を見ていた元作家で現生活保護受給者のポールが、

「あなたは恩恵を与えられた人だ」

とまた妙に詩的なことを言うので、こみあげてくる笑いを堪えながらも夏の空は青々と美しい。

わたしの英国は、ロックやグレアム・グリーンではない。
路傍に落ちた温泉饅頭だ。
アラウンド閉経な年齢になって、わたしにもようやく道が見えてきた気がする。

もう一人のデビー

わたしの好きな女性歌手に、デビー・ハリーという人がいる。なので、そのデビー・ハリーにそこはかとなく似た面ざしの、「デビー」と呼ばれる女性が底辺託児所に現れたときには少なからず動揺した。

が、あのデビーとこのデビーが違っている点は二つあった。

一つ目には、彼女はブロンドではなくブルネットで、黒ぶちのメガネをかけているということ。そして二つ目には、彼女には自閉症の娘がいるということである。

デビーの娘は先月三歳になったばかりで、ジャズミンという。本名もデボラという母親のほうは、ほんとに髪をブロンドに染めてブロンディのトリビュートバンドでボーカルを務めたり、マドンナの物真似芸人として活動したりしていたそうで、ナイトクラブやパブに出演しているときに売れないバンドマンと知り合い、短い情事の末に子を孕んだという。

ざっくばらんな性格のデビーは育児について「気が狂いかけたこともある」と言っていた。

2009.11.6

「何を言っても、何を教えても、この子は私の目を見なかった。最初はただ、ものすごく反抗的なガキなんだろうと思ってたの。私自身の子どもの頃や、この子の父親の性格を思えば、おとなしく親の言うことを聞く子が生まれるわけがないから。……でも、そのうち、これはおかしいんじゃないかと思うようになって、アニー（・レノックス似の託児所責任者）の噂を聞いてこの託児所に来たの。最初にジャズミンの障害を見抜いたのはアニーなのよ」

ジャズミンは、難しい子どもである。

目まぐるしく託児所内部を移動し、他の子どもたちがしていることを片っぱしから引っかき回し、あちこちで罵声を浴びる。底辺託児所のことなので、相手が障害児だろうが何だろうがやられたらやられた分だけきっちりお返しするガキが多いため、あちこちで暴力沙汰が勃発することになるのだが、このジャズミンという女児がまた三歳なのに五歳児ぐらいの体格をしており、大変にストロングで、殴られたら相手を張り倒し、蹴られたら大きな頭で頭突きをかましたりして、なんとも凶暴なのである。しかも彼女の場合、相手の反応（大泣きする、流血するなど）がまったく見えていないから、その凶暴さに限界がない。

自閉症。

という言葉は、「引きこもり」という言葉が存在しなかった時代のニッポンでは陰気な若者を形容する言葉として使われていた。が、メディカルな意味での自閉症は、どうもそういうこととはまったく違うらしい。

自閉症の人というのは一人で自分の世界に引きこもっている人ではなく、他者の存在というものが世の中の多勢の人々と同じ回路で認識できない人々なのだ。

攻撃的に他者に反応する自閉症児を一人で育てているデビーは、三六歳なのに五〇歳ぐらいに見える。いつもくたびれきったモヘアのセーターに黒のレギンスを穿いていて、梳《と》かしているのかどうかもわからない、ぼうぼうに伸びきった髪には白いものがたくさん混じっている。

もはや自分から言わない限り、昔ブロンディのトリビュートバンドで歌っていたことや、マドンナのそっくりさんだったことなんて誰も気づかなくなったわ。と笑う。

酒飲んでドラッグきめてセックスして、寝て、起きて、また酒飲んでドラッグやってセックスして た。と自ら語るような生活をしていたドサ回りのパンク・クィーンが、障害児の母親になる。などという話はそれだけで映画のストーリーになりそうだが、現実のデビーは、もはや女優のような美しさもなければ、きらびやかさもない。

本物のデビー・ハリーという人は、難病にかかった恋人の看病をするために雲隠れしているうちに、彼女のイメージをそのままパクってデビューした若い新人（マドンナという名の）に天下を取られた。ショービズ界ではこの系譜がその後のグウェン・ステファニーやレディー・ガガといった人々に続いてゆくことになる。

若い女性は「ロールモデル」を必要とする生き物らしいので、この系譜のシンガーたちは例外なく女性に支持されることになるのだが、初代デビーになると、「そこまで行くとちょっとその生き方はお手本にはしたくないかも」というところまで行ってしまっているため、ブロンディを解散し、ソロに転向してからキャリアが盛り上がるということはなかった。

運命。というと大袈裟だが、巡り合わせ。というか、ランダムに巡ってくるものが必ず顔面にぶち当たってしまう人が、世の中には存在する。

デビー・ハリーの恋人は当時まだ治療法もよくわかっていなかった難病にかかってしまったが、マドンナの男は間違ってもそんなややこしい病気にはかかりそうもないし、発展途上国から彼女が養子をもらうことはあっても、障害児を養子にすることはないだろう。

そういう〝本当にヘヴィな感じ〟は、女性に支持されないからだ。

あんまりクールでも素敵でもないし、だいいち幸福そうじゃないからである。

そして先日。

バスに乗って移動中に、デビーとジャズミンがロンドン・ロードというしょぼい商店街を歩いているのを見かけた。つんのめりそうになりながらずんずん前方に突進していくジャズミンに手を引かれて歩いているデビーは、猛犬を散歩させている老婆のようにも見えた。

もう何もかもどうでもいいと言わんばかりの風情でぼたぼたと歩いているデビーの長い髪が、突風に吹かれてバサバサとまくれあがる。

疲弊し、乾燥しきったデビーは、しかしおごそかなほど柔らかな笑顔で微笑んでいた。誰かに見せるためでもなく、特に愉快なことがあったわけでもなく、内面に満ちていたものがついこぼれ出てしまった笑顔。

あれは、そんな顔だった。

恐れ入りましたという気分になって、窓ガラスのこちら側でわたしもつい微笑した。ああいう笑顔には伝染力がある。

きっとデビーはこれでいいのだ。

自分がそう思っていることを他人に知ってもらう必要がないほど、これでいいのである。

窓の向こうに見える母子の姿は小さくなってやがて後方に見えなくなった。

バスの二階から見下ろす朝の街は、いつものように寒々とずず暗く、薄汚れている。

人権と平等のもやもや
――インクルージョン

2009.12.7

ミテキシーとベッキーと三人でひゃあひゃあ言いながら底辺託児所の庭を駆け巡ったりしているせいなのか、いつの間にか自閉症のジャズミンまでわたしの担当になっていた。

そもそもわたし自身が、ソーシャル・スキルなどはゼロどころかマイナスじゃないかと思うほど未熟であるし、これといって特技のないバカたれのまま四四年も生きてきた能なしだ。英国では障害者という言葉はもはや使われなくなり、スペシャル・ニーズを持った人々という言い方が主流になっているわけだが、そう考えるとわたしなんかもスペシャル・ニーズを持った人には違いない。

そういう自己認識と関係しているのかどうかは不明だが、ミテキシーにしてもジャズミンにしても、なぜか妙にわたしと手を繋いできたりして、「彼女、あなたが好きなのよ」か何かアニー（・レノックス似の託児所責任者）に言われ、気がついたらスペシャル・ニーズ専門の人になったかのような今日この頃である。

英国の保育者や教育者が何よりも優先せよと教えられる事項に、所謂インクルージョン教育というやつがある。

これが何なのかと言えば、要するに、人種、性別、家庭環境、宗教、信条、そして障害の有無にかかわらず、すべての子ども（＆親）を平等に扱い、尊重せよ。というドグマであり、よって障害児も特別の学校に封じ込めるのではなく、健常児の通う場所にインクルード（含有）して教育すべきだ。というフィロソフィーなのだが、七〇年代に英国政府から依頼を受けて障害者教育に関する調査を行い、インクルージョン教育の必要性を初めて提唱したメアリー・ワーノックという人が、数年前、「教育現場でのインクルージョンはもはや機能していない」という声明を発表し、大論争になったことがある。

彼女によれば、インクルージョンが機能していない理由の一つは、学校現場における「いじめ」（英国の通常校に通う障害児の七〇パーセントが身体的いじめを体験しているらしい）なのだという。障害児が通常校に通えばいじめられるという神話は嘘だ。とよく言われるが、彼女によればその通説こそが花柄の幻想なのであり、また、通常校のほとんどには障害児教育のプロが存在せず、スペシャル・ニーズを持つ子どもたちの能力を伸ばせていないという。

「然るべき環境が整わなければインクルージョンは致命的結果になる」というワーノックの警鐘は地べたに転がるリアリティに立脚している。肌の色が違う、太っている、などの理由で子どもが集団暴行の標的にされている英国の学校現場で、障害児だけがいじめを免れているというのは、そらやっぱ素人目にも無理がある。違う者が標的にされるというのは、時代・地理を超えて普遍の人間の現実だからだ。

底辺託児所には、ミテキシーやジャズミンをどうこうする子どもはいない。

ガラの悪いガキどものことなので、自分に被害が及べば、相手が誰だろうと容赦せずにきっちりリベンジする。ということはあるが、彼女らと自分の違いに対しては何らの関心も示さず、不思議なことに質問をする子さえいない。障害児を意識するには年齢が低すぎるのか。とも思うが、ハードな人生体験をしているため異様に早熟な子どもの多い底辺託児所のことだ。意識しているはずなんだが。と思っていた矢先のことであった。

おしゃま。なんてものは通り越して、大人な五歳のニューエイジ・トラヴェラー、メイが、ダウン症のミテキシーの隣に座って一緒にスナックを食べていた。隣でミテキシーが「ぐるるるるううう」などという音声を発しながら涎を垂らしまくっていても、何ら気にする様子でもなくりんごを頬張り、ジュースを飲んでいる。

テーブルに頭をのせて涎をくっている障害児の隣で涼しげな顔をしてスナック・タイムしているドレッドロックの金髪の五歳児。などという絵はここ以外ではあまり見られないだろう。

と思っていると、ミテキシーの母親が娘を迎えにきた。

栄養失調のジェーン・バーキンのような容貌で、いつも疲労感を全身の毛穴から発散している母親は、メイの陰になってミテキシーの姿が見えなかったらしく、きりきりした声で叫んだ。

「ミテキシーは、どこ?」

「私の隣！　エイミーは私の隣にいるよ」

いつものようにハキハキと答えたメイは、ハッとしたように自分の口を押さえた。

「ごめんなさい」

名前を呼び間違ったことをわびているのだろうと思っていると、メイは俯きながら言葉を続ける。

「ごめんなさい。……私、エイミーとミテキシーが似てるなんて思ってないよ……」

エイミーというのは、託児所に来ている一一か月の赤ん坊のことであり、その日もそれこそ涎を垂れ流しながら、床に座って「だあだあ」「ばあばあ」などの音声を発していた。

ミテキシーの母親は、どこか幼児的なほど硬質な面持ちになって一点を見つめ、メイの言葉に応えない。

自分がつい名前を呼び間違えた理由まで洞察してしまうところが、メイがそこらへんの五歳児とは異なる所以だ。が、たんなる名前の呼び間違いだったことにしてそのまま流しておけばいいのに、わざわざ事を表面化させて余計に相手を傷つけてしまうところがやはり子どもである。

しーん。と沈黙させておくと痛痒いほど気まずい空間なので、わたしは急に窓の外など見たりして、「また雨が降ってきたよ！　もういい加減で止んで欲しいよね。みんなで歌おうか。レイン・レイン・ゴー・アウェーーーイ」などと、われながらわざとらしいこと極まりないが、でもこれ以外どうしたらいいのかわからないの。といった心情丸出しで歌いだす。

周囲にいた子どもたちも歌い始めた。メイだけが口をつぐんでいる。

一一か月のエイミーは、腰をぴょんぴょんさせて「だーだーだー」と言いながら歌に反応している。

そして四歳のミテキシーも、椅子からずり落ちて床に座り込み「うーうーうー」と言いながら、手をぐにゃぐにゃ上下して歌に反応し始めた。

その反応ぶりが見事にエイミーのそれとかぶってしまい、さらに空気は苦々しくなる。

ミテキシーの母親がスタスタと近づいてきて、娘の体を抱え起こし、無理やり手を引くようにして託児所の入り口に向かって行った。

「ごめんなさい」

よせばいいのに、メイがダメ押しで謝罪する。というか、やはり子どもなのだ。自分で考えてそうすることが正しいと思って発している言葉だから、どうしても反応が欲しいのである。

「大丈夫。彼女は私のベイビーだから」

ミテキシーの母親は、鋏で切り抜いて貼り付けたような笑顔でそう言って出て行った。

本気なのか皮肉なのか思いやりなのか拒絶なのか、それはわからない。

メイは安堵したような、さらに悲しくなったような、緩んだ顔つきでわたしを見ていた。

本気なのか皮肉なのか思いやりなのか拒絶なのか。

インクルージョンは、人間関係の計り知れないもやもやを濃厚に増大させる。

障害も、人種も、その点ではまるで同じだ。

ある追悼

2010.10.20

今日、久しぶりに無職者・低所得者支援センターに行った。相変わらずの面々が、相変わらずたむろって、相変わらずの会話をしながら、ゆるゆると相変わらずの午後を過ごしていた。

何気なくセンターで発行している内部雑誌をぱらぱらしていると、歯が抜けきった口をでへでへとだらしなく横に広げて、サムライが戦でちょんまげを切られたときのようなざんばらの長髪の、個性的というか一度見たら決して忘れないというか、赤ん坊が見たら泣きだすようなもの凄いインパクトの笑顔のおっさんがにかっとこちらを見ている。

何もこんな写真を追悼記事に使わなくても。

彼が逝ってしまったことを初めて知った衝撃もぶち飛び、思わず笑いがこみあげた。

いい写真だ。

いかにもこのセンターの利用者たちが選んだ写真だと思う。

今秋から、換金できる仕事を優先しているので、あまり支援センターには行ってない。加え、夏はずっと日本に帰っていたから、彼が夏の終わりとともにいなくなってしまったという事実を一〇月も後半になるまで知らなかった。

一番さいごに彼と会ったとき、

「なんか最近、元気がないように見えるのは、気のせいかな」

と彼が気の抜けるようなふわふわした声で言うので、なんとなくムカついて

「家族が病気なの」

「何の病気？」

「癌」

と答えると、彼は、彼のほうがよっぽど可哀そうだと思えるほど困った顔になり、あうあうあうあうと半ばパニック状態でども り始めて、ああこの人にこういう深刻なことを言うべきではなかった、この人にはこういうことを消化するキャパシティはないのだ、とわたしのほうが彼の背中をさすりながら、大丈夫、大丈夫よ、落ち着いて。と言っていると、見る見る彼の目に涙が溢れ、

「ちゃんと生きてご飯食べて働いている君は、偉いなあ。本当に偉いなあ」

と、ぼとぼと涙の雫をこぼしながらわたしの腕をぎりっと強く握っているので、この人はいったい何者なんだろうと思ったことがあった。

その彼が、癌で亡くなったらしい。大腸に癌のあることが判明したのは、亡くなる六週間前だったという。体全体が障害のデパートのようで、恒常的に体調が悪かった彼のことだから、癌の症状が出

ていても別におかしいと思わなかったのかもしれない。

いつもガリガリに痩せこけた小さなおっさんだったから、体重もあれ以上落ちようがなかったのかもしれないし、周囲も気づかなかったのだ。

あのとき、あんなに彼を泣かせたうちの連合いは、癌の治療を終えて延命している。ふわりと先に逝ってしまったのは、泣いていた彼のほうだ。この死に方の呆気なさは、どこか人間離れしている。ずるずるとびっこの足を引きずりながら、バケツを抱えてトイレの前をうろうろしていた彼の姿。にかっと笑うと口が臭くて、託児所で頭に虱《しらみ》のわいた子がいると、どういうわけか大人のくせに一番初めにもらって大騒ぎしながら髪を掻き毟《むし》っていた彼の姿。

彼の姿がいつもあった場所に目をやるが、どこにも不在感はない。

支援センターの名物だったくせに、いなくなっても誰が困るわけでもなく、その不在が目立つわけでもないから、「死ぬ」という劇的なことになっていても何か月も気づかなかった。

気がつかなかったのは、きっとわたしだけではないだろう。

それが、彼だったのである。

「ゴム手袋のヨハネ」のモデルになった男性が召された。

召された。という言葉がこれほど似合う死人を、わたしは他に知らない。

おわりに
——地べたとポリティクス

第Ⅰ部は託児所の閉鎖で終わり、第Ⅱ部は一人の登場人物の死で終わった。なんたる暗い本であろうか。とも思うが、通して読んでみると、人の死で幕を閉じた第Ⅱ部のほうがずっと明るい。

それはなぜだろうということをずっと考えている。

状況が明らかに、どんどん悪くなっているから。と言うのは簡単だ。たとえば、「ゴム手袋のヨハネ」のような人は、保守党政権の緊縮財政の影響が本格的に社会の末端に現れるようになると、ただ生存することでさえ難しかったかもしれない。その前にこの世を去ったのは、ある意味、幸運なことだったと言えるかもしれないのだ。

保育士のわたしが政治について考えるようになったのは、実は保育士になったからだった。というか、もっと正確にいえば、底辺託児所で働いたからだ。

それはいま思えば毎日が驚きと、怒りと、目の前で起こっていることへの信じられなさと、こみあげる嫌悪感の連続で、そのくせほんの時折だったとはいえ、こんなにきれいなものは見たことがないと思う瞬間に出くわした。

この人たちはどこから来たんだろう。こういう人たちが存在する社会というのはいったいどうなっているんだろう。こういう人たちを作り上げた国の政治とはどんなふうに変遷してきたのだろう。

わたしの政治への関心は、ぜんぶ託児所からはじまった。

底辺のぬかるみに両脚を踏ん張って新聞を読み、ニュース番組を見て、本を読んでみると、それらはそれまでとはまったく違うものに見えた。

政治は議論するものでも、思考するものでもない。それは生きることであり、暮らすことだ。

そうわたしが体感するようになったのは、託児所で出会ったさまざまな人々が文字通り政治に生かされたり、苦しめられたり、助けられたり、ひもじい思いをさせられたりしていたからだ。

思えば、日本で育ったわたしには、福祉社会というコンセプトがまったくわかっていなかったのだろう。人は能力に応じて生きていく（あるいは死んでいく）のが当然だと思っていた。この能力というのには、資金調達能力、勤勉さ、意識の高さ、精神的な強さ、人間性の良さ、やる気の有無などさまざまなものが含まれており、それらに恵まれていない人間は、取り残され、惨めな思いをしてもしかたがないと思っていた。第一に、自分がダメなのは自分のせいなのだし、世の中にはフェアなものなんて何一つない。わたしはそう思い込んでいたのである。

が、底辺託児所で出会った人々は、子どもも、大人も、そうした能力のあるなしにかかわらず生き、それでよしとして堂々と生かされていた。

わたしが最も衝撃を受けたのは、そのことだったのだと思う。

こんなことは正しいのだろうか。正しくないのだろうか。と最初は思った。が、そのうちにそんなことはどうでもよくなった。正しい、正しくない、ということよりも、別のことが気になり始めたからだ。

第II部を書いた時期に、わたしの連合いは癌の診断を受け、治療を受けていた。しかし、わが家の経済状態では治療のみに集中することは不可能だったし、彼自身も普通の生活を続けたいという希望を持っていたので、治療を受けながら、彼はダンプに乗って毎日働いていた。

痩せ細り、髪が抜け、一気に二〇歳ぐらい老けた容貌になって仕事に出かけて行く連合いを目にしながら、託児所のある無職者・低所得者支援センターに働きに行けば、健康で元気そうな生活保護受給者たちが昼間からたむろって楽しげに駄弁ったり、妙な匂いのする紙タバコを回し吸ったり、けしからんことには白昼堂々と地下の洗濯場で性行為に及んでいる者もあった。

あなたたちはダメなのよ、屑なのよ、どうしようもないのよ、とわたしは思うのよ。の、その先にあるもの。についてあのときわたしはずっと考えていた。思えばわたしはずっとそれを言葉にしようとしていたのかもしれない。

愛かな。と思っていたこともある。でも違う。確かに愛のようなものもあったが、それそのもののことではない。確実にそこにあったものが、何なのかわたしにはよくわからなかった。

だが、時を経て託児所に復帰し、第I部の緊縮託児所の閉鎖を経験して、フードバンクに変わり果てたその部屋を見たとき、無機質なスチールの棚が立ち並び、ビニール袋に入った食料や缶詰が整然と並んでいる様を見たとき、わたしにはそこからなくなったものがはっきりとわかった。なくなったものこそが、そこにあったものだからだ。

それは、アナキズムと呼ばれる尊厳のことだった。アナキズムこそが尊厳だったのである。

欧米では尊厳は薔薇の花に喩えられるが、あのアナキズムは理想の国に咲く美しい花でも、温室から出したら干からびて枯れてしまうようなひ弱な花でもない。

それは地べたの泥水をじくじく吸い、太陽の光など浴びることがなくとも、もっとも劣悪な土壌の中でも、不敵にぼってりと咲き続ける薔薇だ。

いま世界は大きな転換期を迎えていると言われている。「一つの時代の終わりの始まり」という人々もいる。そういう社会の変化の兆しがまず現れるのは、いつだって一番低い場所だから、われわれの託児所も忽然となくなってしまった。

けれどもこの状況はじきに変わる。

また赤黒い薔薇がふてぶてしく咲き始める。

その日には、アニーが予言したように、託児所が復活するかもしれない。今度は別の場所になっているかもしれないし、別のやり方かもしれない。形だってまったく違うものになっている可能性もあるし、もはや託児所である必要すらないのかもしれない。

底辺託児所と緊縮託児所は地べたとポリティクスを繋ぐ場所だった。だけどそれは特定の場所だけにあるわけではなく、そこらじゅうに転がっているということをいまのわたしは知っている。

地べたにはポリティクスが転がっている。

二〇一七年二月

ブレイディみかこ

初出一覧

はじめに

ウェブ雑誌 ele-king（www.ele-king.net）に連載のコラム「アナキズム・イン・ザ・UK」（第 27 回）「保育士とポリティクス」（2015 年 2 月 23 日掲載）を改稿。

I　緊縮託児所時代

雑誌『みすず』（2015 年 5 月号 – 2016 年 12 月号）に連載の「子どもたちの階級闘争」（第 1 〜 15 回）より。

コラム　子どもたちを取り巻く世界

ウェブ雑誌 ele-king のコラム「アナキズム・イン・ザ・UK」より。

貧困ポルノ（第 16 回）2014 年 2 月 26 日

出世・アンガー・蜂起（第 11 回）2013 年 7 月 19 日

フットボールとソリダリティ（第 22 回）2014 年 8 月 26 日

II　底辺託児所時代

著者の個人ブログ「THE BRADY BLOG」（blog.livedoor.jp/mikako0607jp）より。

いずれも本書収録にあたり、適宜、改稿している場合がある。

目次扉および本文 p. 1, 5, 181, 185, 279 の挿絵は著者が託児所の子どもたち・関係者から贈られたフェアウェル・ブック（詳細は本文 p. 175）より。

著者略歴

（ブレイディみかこ）

保育士・ライター・コラムニスト．著書に，『花の命はノー・フューチャー』（2005年，碧天舎．ちくま文庫より2017年改題復刊予定），『アナキズム・イン・ザ・UK――壊れた英国とパンク保育士奮闘記』（2013年），『ザ・レフト――UK左翼セレブ列伝』（2014年）（以上，Pヴァイン），『ヨーロッパ・コーリング――地べたからのポリティカル・レポート』（2016年，岩波書店），『THIS IS JAPAN――英国保育士が見た日本』（2016年，太田出版），『いまモリッシーを聴くということ』（2017年4月刊予定，Pヴァイン）．雑誌『図書』で「女たちのテロル」を連載中．1996年から英国・ブライトン在住．

ブレイディみかこ
子どもたちの階級闘争
ブロークン・ブリテンの無料託児所から

2017 年 4 月 7 日　印刷
2017 年 4 月 17 日　発行

発行所 株式会社 みすず書房
〒113-0033 東京都文京区本郷 5 丁目 32-21
電話 03-3814-0131(営業) 03-3815-9181(編集)
http://www.msz.co.jp

本文組版 キャップス
本文印刷・製本所 中央精版印刷
扉・表紙・カバー印刷所 リヒトプランニング
本文レイアウト協力 川添英昭

ISBN 978-4-622-08603-1
[こどもたちのかいきゅうとうそう]